ほんの少し変われば、頑張らなくても成果を出せる！

～知ればラクになる　仕事を楽しみたい社会人のための17のストーリー～

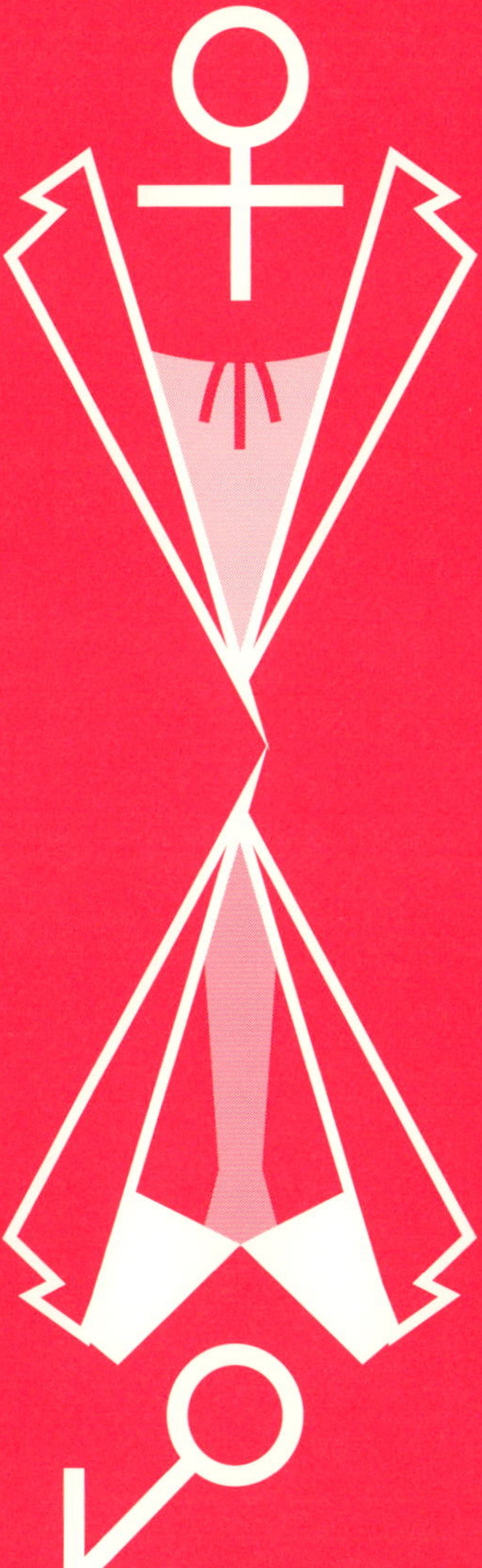

坂本憲志

SEIGETSUSHA
青月社

はじめに

私が1980年中頃に最初の会社である日本アイ・ビー・エムに入社したのは、バブル絶頂期のことです。学生気分の抜け切れないなか最初に配属された部署は、テレアポ、飛び込み営業を主とした、社内でも珍しい中小型コンピューターの新規開拓の部門でした。それまで私がアイ・ビー・エムに抱いていたイメージとはかけ離れていた、いわゆる泥臭い営業をする部署でした。もう一つイメージが違ったのは、アイ・ビー・エムが社員教育、特に新人教育に力を入れていたことです。新卒採用から約1年に渡る営業研修は、体系的にまとめられ、知識と実践がバランスよく組み合わされていました。

研修にでかけても、終了後には必ず事務所に戻り、先輩の手伝いを繰り返すことで、新規顧客へのアプローチ方法など、いろいろなやり方を知ることができました。また、疑問に思い質問すれば必ず答えてくれる風土は、研修中にもかかわらずいろいろな実践を疑似体験するには絶好の場でした。新規開拓を続けていくうちに挫けそうになる心を支えてくれたのも同僚や、先輩方でした。予算（いわゆるノルマ）も個人でしたし、成果主義での給与体系にもかかわらず、何年も連続で予算を100％以上達成できたのも、学ぼうとする気持ちや、チャレンジしようとする気概を引き上げてくれる環境にあったと思います。

今思えば、そのような厳しい環境があったからこそ、今の自分の基礎が作られたと確信しています。

2社目の日本オラクルに転職したのは、1990年半ばでした。当時約2万人いた大企業からまだ200人足らずの企業への転職は、私にとっても一大転機でした。転職して最初の驚きは、いろいろな企業から集まった仲間たちが体験してきたそれぞれの企業文化に触れられたことと、支社とは言え事務所を立ち上げる中で味わった、起業にも似た面白さでした。いろいろな企業を体験してきたメンバーとのコミュニケーションは、まさに異文化コミュニケーションで、言葉の定義から始まり、物事の進め方も勉強になったのは言うまでもありません。

小さい企業独特のスピーディーなデシジョンプロセスと、いわゆる外資にありがちな独善的な活動ではなく、縦横斜めの情報共有や議論をすることで、技術についても社員同士で理解が深まり、強くなれたのではないかと思います。

通常のビジネスだけでなく、トラブル対応などを通じ、日本の名だたる企業の経営者の皆さんとお会いする機会をいただいたことは、何物にも代えがたい経験でした。

２００人の会社が１５００人を越えた２０００年半ばに、３度目の転職でＡｐｐｌｅに入社しました。ようやく日本でｉＰｏｄが認知され始めた頃ですので、今のような注目のされ方はしておらず、一部のファンだけが好むブランドのイメージが根強いころでした。しかしこの会社の凄みは、単にブランドがあるということではありません。革新的な製品、サービス、スピードもさることながら、何かプロジェクトが始まると本社のメンバーも含め協力してくれる徹底した高い意識こそが、市場を変えることができるのだということを知りました。

そして起業しました。
起業すべきかどうか悩んでいる時に「応援するよ」と背中を押してくださったのもお客様でした。

本書は、これまで一緒に仕事をさせていただいた、お客様、上司、同僚たちから学んできたことや、1000回以上、発信し続けているビジネスコラムなどから代表的な17のケースをまとめてみました。すべて実話をベースにしたフィクション構成で、あなたの身の回りにいそうな登場人物の悩みや思い、心理状態を都内某所にあるバーのマスター'Sally'との駆け引きで描写しています。

悩めるビジネスパーソンに向けたメッセージとして、少しでも多くの皆さんの参考になれば幸いです。

"Sally's Bar"へようこそ、ただいま開店します。
(Sallyは私のニックネームです)

目次

Chapter 1

意図的に微笑む瞬間を1日1回増やすと、仕事の経験値が一段上がる

月に1~2回来店する加奈子は、東京の大学を卒業後、大手IT系企業に勤務して4年目になる。

加奈子　私、今の会社向いてなかったのかなぁって、つくづく思うんです。

マスター　どうしたんですか、急に？　仕事はすごく充実してそうな感じだったじゃないですか。この間、一緒にいらした上司の方も、加奈ちゃんのことすごく評価してたように聞こえましたけど？

加奈子　可もなく不可もなく、って感じなんです。粗相もないけど、評価もされない。すごく叱られることもないけど、すごく褒められることもないって感じかな。昔からそうだったんです。三人姉妹の長女だから、そういう育てられ方をしてきたんだと思うんです。

マスター　『海街ｄｉａｒｙ』の綾瀬はるかですね。

加奈子　綾瀬はるかみたいな美人だったら、こんな苦労しないって。

マスター　いやいや、加奈ちゃん十分美人ですよ。

加奈子　ありがとうございます（笑）。ほら、3ヶ月くらい前に一緒にきた麻耶って覚えてます？

STORY 1

マスター　覚えてますよ。加奈ちゃんの会社の同期の方ですよね。

加奈子　そう。私も、あんな風に天真爛漫で生きていけたらよかったなぁ……。

マスター　そうなると、麻耶さんは、長澤まさみですね。長澤まさみもいいですよね。

加奈子　ほらね。マスターだってそっちでしょ。男の人って、結局、天真爛漫な女性のほうが好きってことでしょ。なんかめちゃ不平等に出来てる気がする。

マスター　麻耶さんと、何かあったんですか？

加奈子　麻耶となんかあったわけじゃないけど。麻耶って、ああいう感じで、誰とでもにこにこ笑って話せるんです。かなり無理無理系の仕事を頼まれても、「はい、やります。喜んで！」って、居酒屋の店員ばりに引き受けちゃう。プリン食べながら、目にくまつくりながら残業して。当然、テンパっちゃうから細かいミスも多くなるし、周りもハラハラしてるんです。

マスター　それ、マズいじゃないですか。

加奈子　それが、麻耶の性格得なところなんですけど、みんな「麻耶を放っ

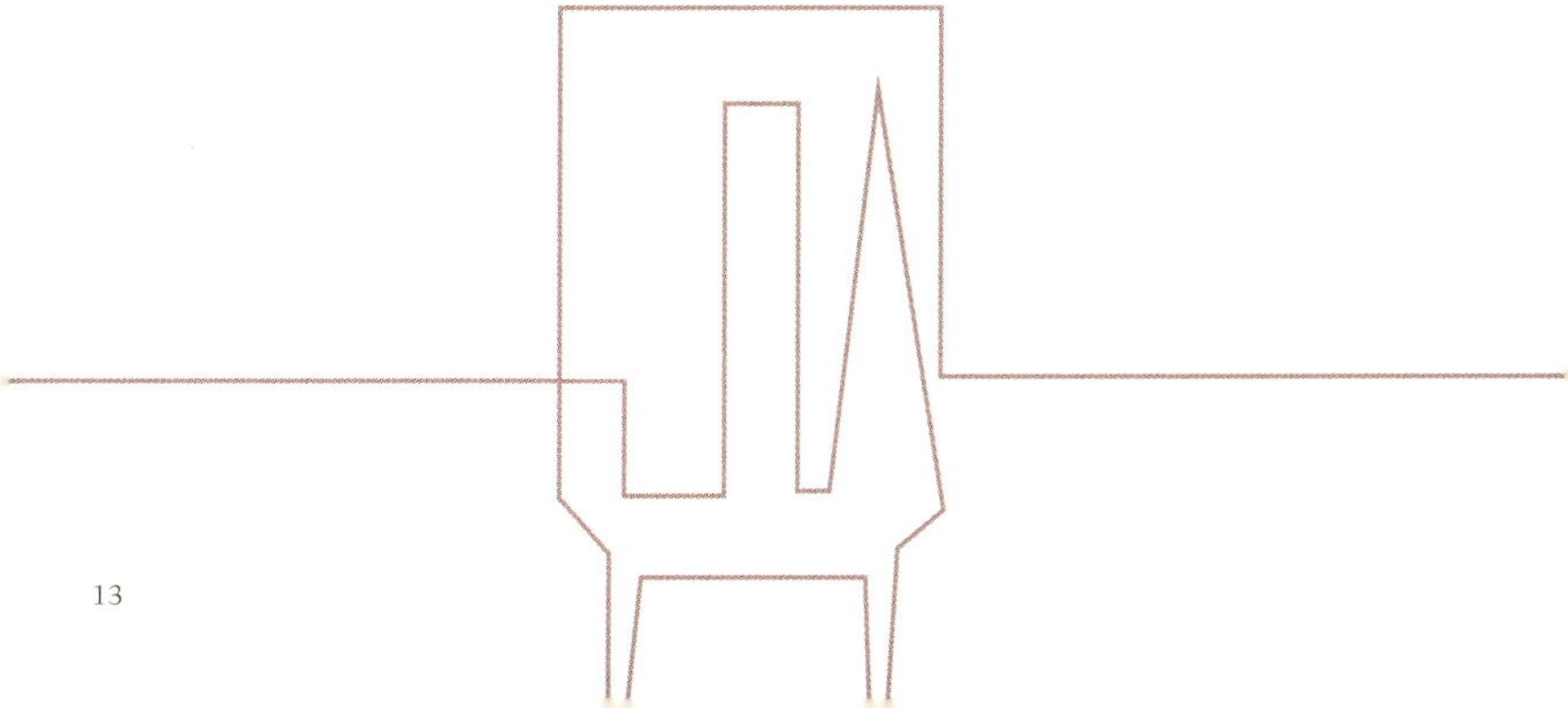

ておけない」って感じで、手伝ったりしてあげちゃうんです。で、何やかやで、辻褄合わせちゃうのがすごいところなんですよね。私は、ああいう仕事の仕方、絶対無理だし、あんな綱渡りみたいな仕事のやり方したら、胃が痛くなっちゃう。

マスター　人それぞれでいいんじゃないですか。麻耶さんは麻耶さん、加奈ちゃんは加奈ちゃんの、スタイルや持ち味っていうのがあるんだから、それぞれの持ち味を磨いていくしかないんだと思いますよ。私だって、ほら、2軒隣のイケメンのマスターがやってる「ポリス」っていうバーあるでしょ。ポリスは、いつも若い子たちでにぎわってるじゃないですか。お店ってそれでいいと思うんです。自分のスタイルや持ち味でやっていくしかないので、彼は彼、私は私です。きっと、私が自覚していなくても、彼から見たら羨ましいと思ってる部分ってきっとあると思うんです。そういうもんじゃないでしょうか。

加奈子　何となくわかる気がする。私はこのバーが好きだから、ポリスには行かない。でも、会社っていうのはそうも言ってられない部分があるじゃないですか。結局、上司に評価されてなんぼっていうところ

STORY 1

はありますよね。たぶん、私よりも麻耶の評価が上だろうし、彼女にはなぜかおいしい仕事が集まる。それでまた評価が上がってく。私にはなぜかややこしい仕事が集まる。苦戦するから評価も上がらない。そうやって差が開いちゃうんじゃあ、麻耶は麻耶、私は私。とは割り切って考えられないなぁ。やっぱ同期だし、ライバル意識がないって言ったら嘘になるもん。

マスター　さっき加奈ちゃん、麻耶ちゃんは来た仕事何でも「はいはい」って引き受けてテンパってるんだって言ってたじゃないですか。加奈ちゃんは、そうじゃなくて、きちんと計画的に仕事を進めるタイプなんでしょ。それでも、麻耶ちゃんのほうにおいしい仕事が回っちゃうんですか？

加奈子　そうですね。彼女は、あんな感じだし、いつもにこにこしているから、仕事が頼みやすいんだと思うんです。私、結構キツイイメージあるから……。相手が上司だろうとできることはできる、できないことはできないってはっきり言っちゃうから、可愛くないんでしょうね。私は麻耶みたいに、いつもにこにことか無理だもん。

マスター　もしかしたら、加奈ちゃん、もったいないんじゃないかな。もっと笑っちゃえばいいんだと思いますよ。たとえば、はじめて訪れたバーのマスターが、にっこりして「こんばんは、いらっしゃいませ。今日は寒いですね」と言ってくれるバーと、職人かたぎのカタブツで、不愛想に無口でコースターを差し出すマスターのバーと、どっちのバーに行きたいですか？　余程のバー通でもないかぎり、普通前者ですよね。私だって、加奈ちゃんだから話しますけど、本当は、無口なタイプなんですよ。良く言えば聞き上手っていうとこでしょうか？　余計なことは言わないタイプなんです。でも、人が好きで、お酒が好きだから、バーを始めたんです。勤めていた会社を辞める時は、すごく悩みましたけどね。けど始めた以上は、一人でも多くのお客さんに満足して欲しいし、元気を出して欲しいし、喜んでほしいし、くつろいで欲しい。そして、また来たいって思って欲しいんです。

加奈子　マスター、脱サラ組なんですね！　初めて知りました。

マスター　それはともかく、バーテンって内向的な、完璧主義者が多い世界だ

STORY 1

と思うんです。職人かたぎの方が多い世界ですからね。笑顔とか、会話とか、そういうのが苦手な人って結構多いんですよ。

加奈子　みなさん、どうやってそれを克服されているんですか？

マスター　カウンターに立ったら役者になる、って割り切るんです。ここに立った瞬間、ある意味エンターテインメントなんです。笑顔が嫌いであれ、苦手であれ、笑顔のほうがお客さんにとっていいのであれば笑顔にもなれる。それが、プロとしてそなえるべきスキルの一つじゃないかな。お酒を作れることだけがバーテンのスキルじゃない。私は、師匠からそう教わりました。だから、加奈ちゃんも女優になってみたらどうですか？　カメラが回った途端、笑顔をつくりみんなを幸せな気持ちにしてくれる女優さんのように、会社にいるときは女優「かなこ」になって、にっこり笑ってみてはどうでしょう。加奈ちゃんなら、十分素敵な女優さんになれますよ。

加奈子　私にできるかしら？

マスター　手始めに、バーテンの役なんかどうですか？「かなこ」さん（笑）。

加奈子　よろこんで！（笑）。

マスターの独り言

頑張っているのになかなか評価されない加奈子さんと、自然体でいても評価される麻耶さん。

二人の一番の違いは、どこにあると思いますか？　性格でしょうか？　いいえ違います。ビジネスの中に笑顔があるかないか。そちらの割合が大きいと思います。

笑顔があることは、なぜいいのでしょう？　周りを明るくするから？　それもありますが、何より「隙を作る」からです。「え、隙を作るって、いいことなんですか？」と思ったあなたは、加奈子さんタイプかもしれません。

「隙を作る」ことは、性別、仕事などに関係なく必要なことです。

私自身の体験でも、それはありました。

社会人になって最初の会社で、先輩から何か仕事の手伝いを依頼されたときに、悩みながら引き受けたり、ネガティブに見える態度をとったりすると、「どうせやることになるんだから、明るく引き受けたほうが、イメージいいんじゃないか？」とか、「仕事は、量やらないと経験値は上がらないんだから、早めに苦労したほうがいいぞ」とか言われました。それからは、先輩が気軽に仕事を頼みやすいような隙を作ることを意識していました。これは、現在でも私の中で、重要な行動規範になっています。

加奈子さんと麻耶さんの例に戻ると、いつもにこにこしている麻耶さんには、「頼みやすい」ので、いろんな仕事が集まってきます。しかも、彼女は断らずに引き受けてしまう。その結果、麻耶さんはいつもテンパってしまいます。しかし、みんなどこかで、麻耶さんに感謝したり、頑張れよ！と心の中で思ったりしているので、大変そうな彼女を見ると、「助けてあげよう」「教えてあげよう」という気持ちになるのです。

仕事は、知脈、人脈で決まるとも言います。とりわけ若い頃は、「知」のネットワーク、「人」のネットワークを築き経験値をどれだけ上げれたかで、その後の仕事の質や量が大きく変わってきます。仕事が集まる麻耶さんの場合、いろんな人が助けてくれるので、どんどん「知脈」「人脈」が積み上げられていきます。

一方、「つけ入る隙」のない加奈子さんの場合、「あの子は助けなくても大丈夫」という空気が周りに漂ってしまいます。誰も加奈子さんを非難はしませんが、手を差しのべたり、声をかけたりする意識が無くなってしまいます。

仕事って、必ずしも「仕事ができる人」に集まるわけではなく、「仕事を頼みやすい人」に集まるものです。どちらか一方のパフォーマンスが圧倒的に上であれば別ですが、仕事のスキルの差が大きくなければ、「頼みやすい」ほうに仕事は集まるものです。結果、麻耶さんにはどんどん知脈と人脈が築かれ、いつの間にか仕事の量、質ともに差が開いてしまいます。

あなたの周りにも、そういう人はいるはずです。

せっかく縁あって仕事をしているのですから、いろいろなことを吸収できれば、その後の人生に於いて重要な糧になります。周りとのコミュニケーションを排除してしまえば、経験値が高まるのにも時間がかかりますし、何より新たな仕事の機会を掴むのも困難になります。

「私にはなかなかチャンスが訪れない」と思ったことのあるあなたに足りないのは、そういったちょっとした「隙」なのかもしれません。

実在の加奈子さんは、笑顔を意識し隙を作ることで、周りとのコミュニケーションが活発になり、いろいろな仕事を次々と任され成功させていきました。元々パフォーマンスの高い加奈子さんですから、次第に社内外から信頼される、会社にとってなくてはならない存在になっていきました。

数年後。加奈子さんは、社内表彰の最高賞である「社長賞」を受賞されたそうです。

登場人物である加奈子さんを分析してみましょう。

きちんと仕事をするタイプですが、自分の能力の限界を自分でつくってしまっているということからすると、間違いなく慎重派のようです。つまり左側になります。次にコツコツと仕事をすすめるというところから一人でいても大丈夫なタイプのようですね。そうすると②象限に入ります。もう少し会話をみてみましょう。一人でバーに来て相談する行動をとっているところから、なかでも行動派に近い②－Ａか②－Ｄですね。あとは麻耶さんを若干羨ましくも感じているようですので、②－Ｄだと思われます。

麻耶さんは、慎重派というよりは行動派ですからまずは、右側です。また、一人というよりはみんなとのコミュニケーションを好むタイプのようですので、④象限に入ります。目の下にくまを作ってもやるというところは、多少パフォーマンスも入っているかもしれませんが、諦めないタイプに見えますので、少々慎重派に近い④－Ｂか④－Ｃであると思われます。コツコツタイプでもあるようですので、④－Ｂですね。

加奈子さんは笑顔という隙をつくることで、一度③－Ａのポジションに身をおいたうえで、①－Ｃに考え方を移行することにしました。これは、コミュニケーションを活性化させ情報量を増やすことの優先順位が高いと彼女が判断したからです。マトリックスでは、下に行くほどコミュニケーション量が増えますし、右に行くほど新たな発想とスピードを求められますので、彼女にはベストな選択だったのかもしれませんね。

さて、あなたはどこにいますか？

HR マトリックス①

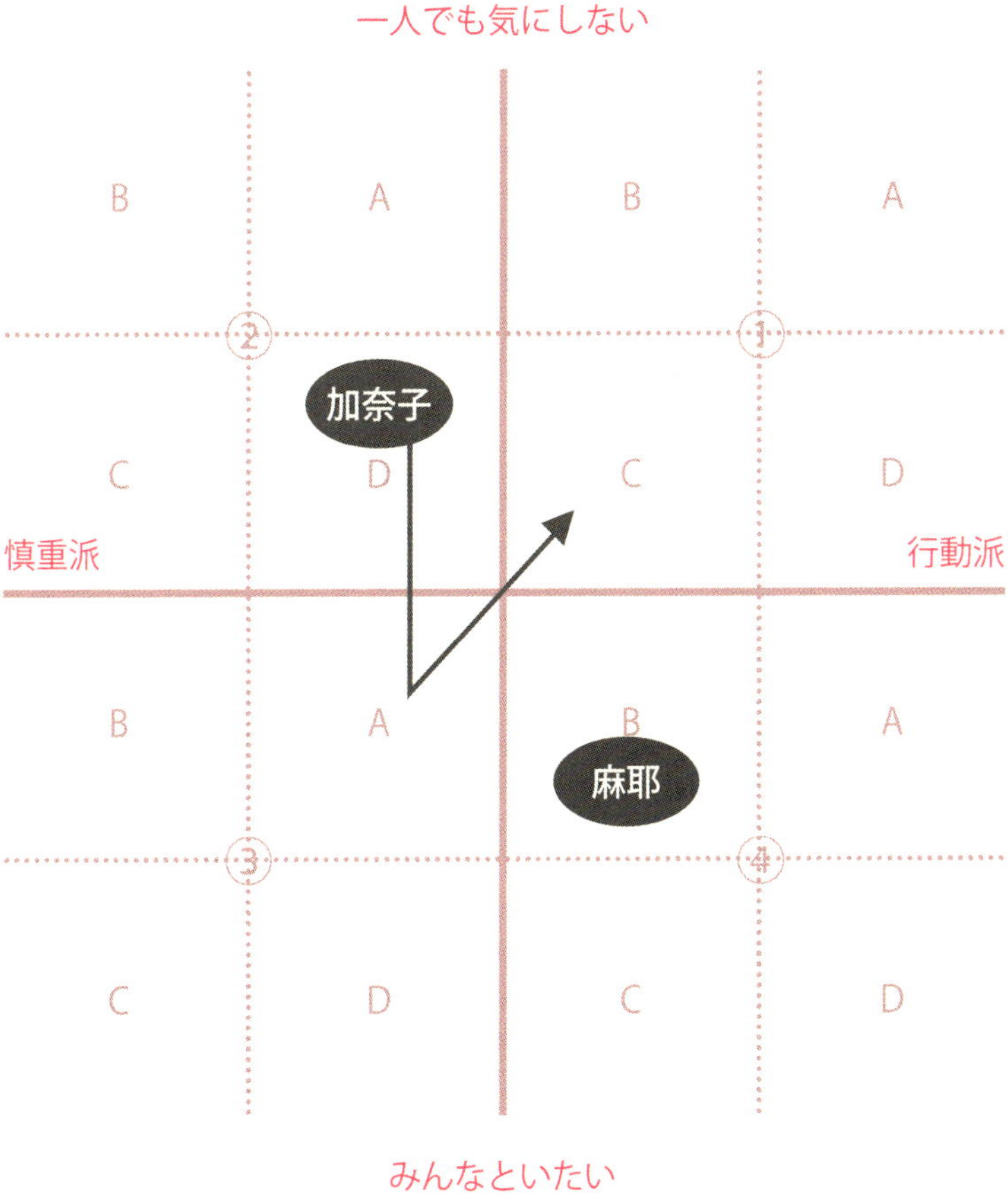

Chapter 2

年甲斐もなく思いっきり
恥ずかしい思いをしてみよう。
必ず、新世界が広がる

STORY2

幸平と二郎は、大手メーカーに勤める先輩後輩の関係。幸平は入社9年目で現在、係長職。二郎は入社6年目でまだ役職はない。

二郎　いや、それにしても、今日の辞令には驚きましたね。浅田課長、まさかの部長昇進。てっきり、松本課長が部長に上がるものだと思ってました。

幸平　そうかなぁ。そんなに意外だった?

二郎　そりゃ意外ですよ!　だって、どう見ても松本課長のほうが、やり手って感じじゃないっすか?　取引先のウケもよさそうだし、なんてったって安定感っていうんですか、そつなくこなすっていうか、ミスして慌ててる姿って見たことないですもん。それに比べて、浅田課長って、なんかいつも席にいないし、ドタバタしてるっていうか、安定感がない感じがするんですよね。そういえば、こないだ大きなビジネス決めてきたって話は聞きましたけど、別のお客さんには電話で謝ってたりとか、部下引き連れて客先に飛んでいったりとか……いつも慌ただしくて、謝っているイメージがありますけどね。この間も、電話で大きな声で「失礼いたしました！　その視点が抜けてましたね。申し訳ありませんでした。明朝、代替案を持ってお伺いさせていただきます」って取引先に謝っていて、みんな（浅田課長、大丈夫かなぁ……）って内心ヒヤヒヤしてたと思いますよ。しかも、浅田課長のほうが、松本課長よりも年下ですよね。まさか、松本課長より先に浅田課長が部長になるなんて、会社の人事って不思議ですね。

幸平　二郎は、わかってないね。もう6年目だよな。そろそろ役職についてもいい年次だろう。

二郎　はい。ぶっちゃけ、早く主任になりたいです。同期とかに負けたくないんで。幸平さん、主任になるのも係長になるのも早かったじゃないですか。どうすれば主任になれるんですか？

幸平　マスター、どう思います？　こいつ、主任になれると思います？

マスター　正直に言っちゃっていいんですか？

幸平　もちろん。言っちゃってください。どうせ、こいつの飲み代払うのは、俺なんで（笑）。

マスター　う〜ん、もう少し時間がかかりそうですね。

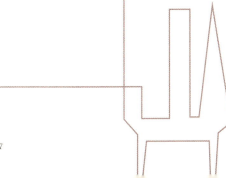

幸平　ですよね。わかってないですからね。

二郎　えー、ショック。俺、わかってないんですかねぇ……。今の話聞いて、マスターはわかるんですか？　松本課長という人と浅田課長という人が、どんな人かって。

マスター　なんとなくわかりますね。松本課長という人は、何でもそつなくうまくこなそうとするタイプ。ミスをしない、といいますか「ミス＝悪」だと思っている。だから、リスクをとらない仕事の進め方をする。いわゆる管理タイプの方のような気がしますね。だから新しいこと、未知のことには、できるだけ手を出さないようにする。仮にそういう仕事が回ってきたとしても、うまくリスクを回避して、火の粉が及ばないように先手を打っておくような、そういう方ではないでしょうか。

二郎　どんぴしゃです。マスターって、もしかして占い師ですか？　じゃあ、浅田課長は？

マスター　ある人から見たら結構失礼すれすれみたいな方だったりするんじゃないですか？　なのに、なぜかお客さんから好かれる。ミスしても、ひるまず、へこたれず、謝っても、明るく、楽しそうに仕事している人……リーダータイプって感じがしますね。

二郎　マスター、すごい！　超能力者だよ！　なんでわかるんですか？

マスター　どの会社にも、そのお二人のようなタイプの方っていらっしゃいますから、普通によくある話ですよ。

幸平　マスターなんか、ビジネスマンの経験もあるし、接客業という視点からも、浅田課長タイプや、松本課長タイプや、いろんなビジネスマン見てきてますよね。その経験からしても、やっぱり出世していくのは浅田課長タイプですよね？

マスター　まぁ、会社の規模や社風にもよるのでしょうけれど、幸平さん、二郎さんがお勤めされているような大企業の場合ですと、浅田課長タイプも松本課長タイプも、課長くらいまでは両者ともいくんじゃないでしょうか？　ともすると、松本課長タイプのほうが、そこまでの出世は早かったりします。でも、そこから先は違ってくるんじゃないでしょうかね。松本課長タイプの組織は、大きな失敗もなければ、大きな成功もない、そつないっていう感じじゃないでしょうか。

二郎　マスターと幸平先輩、同じ見方なんですね……。

マスター　たとえばです。私は、今、幸平さんから「二郎さんが主任になれるかなれないか、正直に言ってください」と言われ、「もう少し時間がかかりそうですね」と正直に答えました。これって、失礼すれすれ、いや、完全に失礼な話ですよ。いくら常連さんとはいえ、二郎さんはお客様です。すごく怒らせてしまうかもしれません。じゃあ、私が、そんなリスクを冒さず「二郎さんも、いつ主任になってもおかしくないんじゃないですか。しっかりされていますし……」と言ったとします。二郎さんとしては、どちらがいいですか？

二郎　本当のこと言ってもらったほうがいいです。初対面の人に言われたらムカッとするかもしれませんが、マスターからは、適当なお世辞とか言われたくないです。

マスター　ですよね。まさに、それですよ。相手との関係が浅いときは、「ミスしない」「リスクを冒さない」ほうがいい場合もありますが、関係が少し深くなってくると、それではダメなんです。失礼すれすれを覚悟なぐらい、忌憚なく、本気な関係を築けなければ、その先には進めないんじゃないでしょうかね。

STORY 2

幸平　いわゆる「距離感」ってやつかな。関係性によって、とるべき距離感というのは変わるんだよ。松本課長は、スタートはいいのさ。でも、ああいう感じで、「ミスしない」「リスクとらない」スタンスでやっていると、お客さんとそれ以上踏み込んだ関係を築けない。だから、大きな仕事がとれない。浅田課長とは、俺も一緒に仕事したことがあるんだけど、お客さんから要求されていること以上のことにチャレンジしすぎてミスしたり、時には失礼なことを言ったりもするんだけど、真剣にやってくれてるってことは、相手に伝わってるんだよね。そういうところも見ている会社も大したもんだと思うな。

マスター　色々な人たち見てきましたけど、役職に執着している人ほど、あるポジションから上には出世しませんね。役職に執着する人って、「減点を恐れる」「リスクをとらない」オペレーションをしがちなので、大きな仕事を受注することや、深い信頼関係を築くことができないのかもしれませんね。

マスターの独り言

「恥をかけるのは新入社員のときぐらいなんだから、今のうちにたくさん恥をかいておきなさい！」

そんな言葉を、よく新入社員研修で耳にします。でも、恥をかいていいのは、かくべきなのは、何も新入社員に限ったことではありません。むしろ、ある役職以上に就いたときこそ、「勇気をもって」恥をかいたほうがいいケースもあります。

先のエピソードで、

この間も、電話で大きな声で「失礼いたしました！　その視点が抜けてましたね。申し訳ありませんでした。明朝、代替案を持ってお伺いさせていただきます」って取引先に謝っていて、みんな（浅田課長、大丈夫かなぁ……）って内心ヒヤヒヤしてたと思いますよ。

とありました。この謝罪行為は、浅田課長にとってマイナスなことだと思いますか？　プラスなことだと思いますか？

松本課長であれば、確実に「マイナスなこと」と考えるかもしれません。ミスをして謝るなんて、とんでもない！　ましてや「抜けてました」と、１００％自分の否を認めるなんて羞恥の極み、間違いのないオペレーション、組織運営をするのが、役職という立場ある社会人としてとるべき行動であると考えるに違いありません。これは、管理型のオペレーションです。

一方、浅田課長も、ミスをしたことを悪くないとは微塵も思っていません。だからこそ、誠心誠意、大きな声で平謝りするわけです。ある役職に就いた、いい年の大人からしたら、とても恥ずかしいことかもしれません。では、その結果、お客さんとの関係は悪化するでしょうか？　もちろん、ミスの質や度合いにもよりますが、たいていの場合悪化しないどころか、むしろ、その率直さのあまり、ミスを一緒にカバーしていきましょうという気持ちにさえなったりします。そうなると、顧客との距離は、ぐっと近くなります。

管理型とリーダー型、マネジメントのスタイルにもいろいろあります。

管理型のマネジメントは、規定のルールや方針に対し確実にオペレーションを実行します。かたやリーダー型は、規定のルールや方針を変えてでも成果を得るには何をすべきかを考えます。つまり、既成の枠にとらわれない思考の仕方を知っているんです。しかし、先駆者ですから失敗もあります。それを厭わない姿勢がビジネスのやり方に現れてきます。

性格なのか、社会人になっていつの間にか染みついてしまった〝癖〟なのか、松本課長は、「恥ずかしい思いをすることが嫌い」なのかもしれません。だから、失敗を恐れ、リスクをとらない。でも、一方で出世願望はあるというから余計に、失敗しそうなことはやらず、やらないとマイナスになることだけをそつなくこなすようになっていきます。そういう人は、経営陣からどのように見えるのでしょうか？　極端な言い方をすれば、「部下の手柄は、自分の手柄。部下の失敗は、部下のもの」という意識とも映ってしまいます。そのようなやり方は、ごまかそうと思ってもすぐに明らかになってしまいます。

また浅田課長にも、良くない点はあります。自分の眼の届く範囲であれば、リスク管理しながらのオペレーションも可能でしょうが、部長となると部下の行動すべてを把握することは困難になります。「自分がいるからどうにかなる」というマネジメントスタイルでは、近い将来マネジメントとしての処理の限界を迎えることでしょう。今回の昇進は、浅田課長の可能性を見極める人事と言ってもいいかもしれません。リスクとスキルのバランスを常に意識しながら、部下を育成し、部門として活性化するオペレーションができれば、次のステージに上がることも可能なはずです。

実在の浅田課長は、現在そのチャレンジを継続しています。ポテンシャルは充分にある方ですので、部下を育成し、任せることができるようになれば、素晴らしいマネジメントになられることでしょう。

噂の対象である松本課長と浅田課長を分析してみましょう。

松本課長は、安定感があるものの慎重派であるのは間違いないですね。なのでまずは左側に位置します。論理的なタイプか感情豊かなタイプかでみてみると、冷静な感じが見えてきますので、②の象限に入ります。そのなかでもリスクを回避したいが実績もあげたいという判断をしているようにも感じますので②－Ａか②－Ｄなのですが、そこまで論理的ではないと読み取れるところから、②－Ｄと思われます。

一方浅田課長は新しいことにチャレンジする行動派のようですので、まずは右側に位置づけられそうです。次に論理的か感情的かで見てみると、間違いなく感情的です。つまり④象限にはいると思われます。次に④象限のなかでも感情的ではあるものの、論理的に物事を考え行動も早いというところから、④－Ａのようですね。

浅田課長は無謀に見えていて実はリスクを見切っているように感じます。失敗を恐れないように見せてはいてもリスクの見極めができればそれは解決可能なリスクです。与えられたことをやるのではなく、どのように行動すべきかを認識したうえで関係するリスクを読み切ることができればそれはもはやリスクではありません。リスクを見極めるには、小さな失敗を繰り返すのが早道です。まずは一歩踏み出さなければ、結果は見えないものですからね。

さて、あなたはどこにいますか？

HR マトリックス②

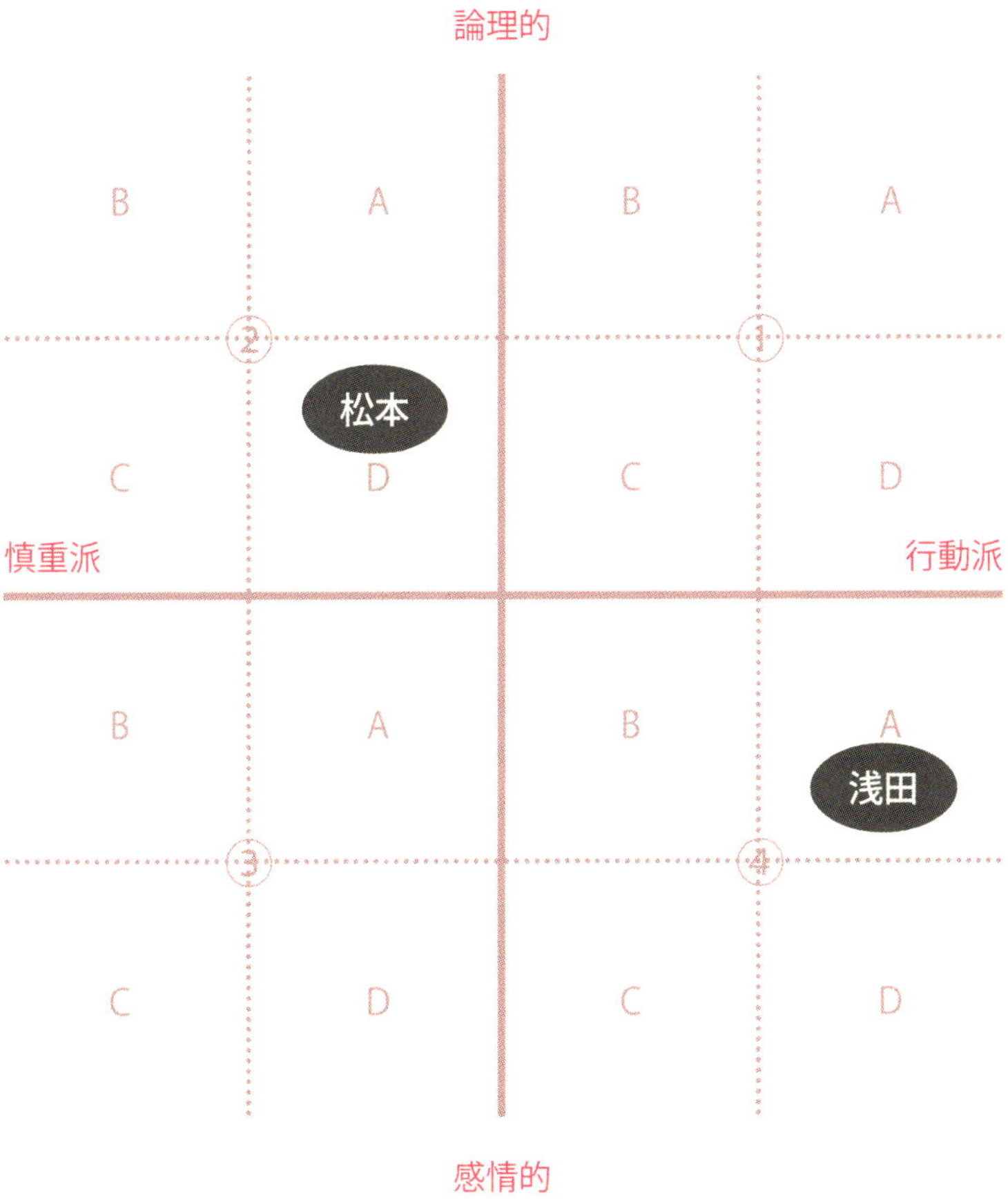

Chapter 3

相手のすっぴんが見たければ、まず自分からすっぴんになること

STORY3

大学卒業後大手IT系企業に勤務して15年目になる麻里江は、営業管理職。部下もおり、若手の社内研修の講師なども務めるが、若手営業たちとの距離感に悩んでいる。

マスター　あ、麻里江さんこんばんは。今日は御一人ですか？

麻里江　うん。たまにはね、一人で飲みたいときもあるのよ。いつものラムモヒートください。

マスター　かしこまりました。この間、ほら若手のみなさんたち連れて、結構大勢でいらしていただいたじゃないですか。なので、今日は御一人なのかな、と思いまして。

麻里江　若い子たちね……。私みたいなおばさんには、もうついていけないって感じかな。

マスター　麻里江さんがおばさん？　いやいや、何をおっしゃいますか。麻里江さんが「おばさん」とか言ったら、全国の本物のおばさんたちから怒られますよ（笑）。

麻里江　ねぇ、私ってさぁ、今の若い子たちからどう見られているのかな？

マスター　麻里江さんらしくないですね。何かあったんですか？

麻里江　私たちの仕事ってチームワークが大事だし、上司として部下の性格や考え方を知っておきたいし、だから、みんなお互いざっくばらんな関係でいたいと思って、この間みたいな飲み会をたまにやるんだけど、いまひとつしっくり来ないのよね……。

マスター　しっくり来ない、って？

麻里江　一人新しく異動でうちの部署にやってきた28才の女の子がいるんだけど。この子がなかなか打ち解けてくれなくて。今までずっと内勤だった子だから、急に営業部署に異動になって、まだとまどいがあるのかもしれないけど。取引先からの評判もいまいちなのよね。仕事もちゃんとできるし、見た目だっていいのに、なんでなのかなぁって。それで本人も、ちょっと自信なくしちゃってる感じなのよね。私は、「困ったり、悩んだりしたら何でも相談してね」っていつも言っていて、この間も二人で夕食を一緒にしたんだけど、なかなか心を開いてくれないのよね。まぁ、その子に限らず、20代の子たちの研修講師とかやってて思うんだけど、こっちとしてはすごいフラ

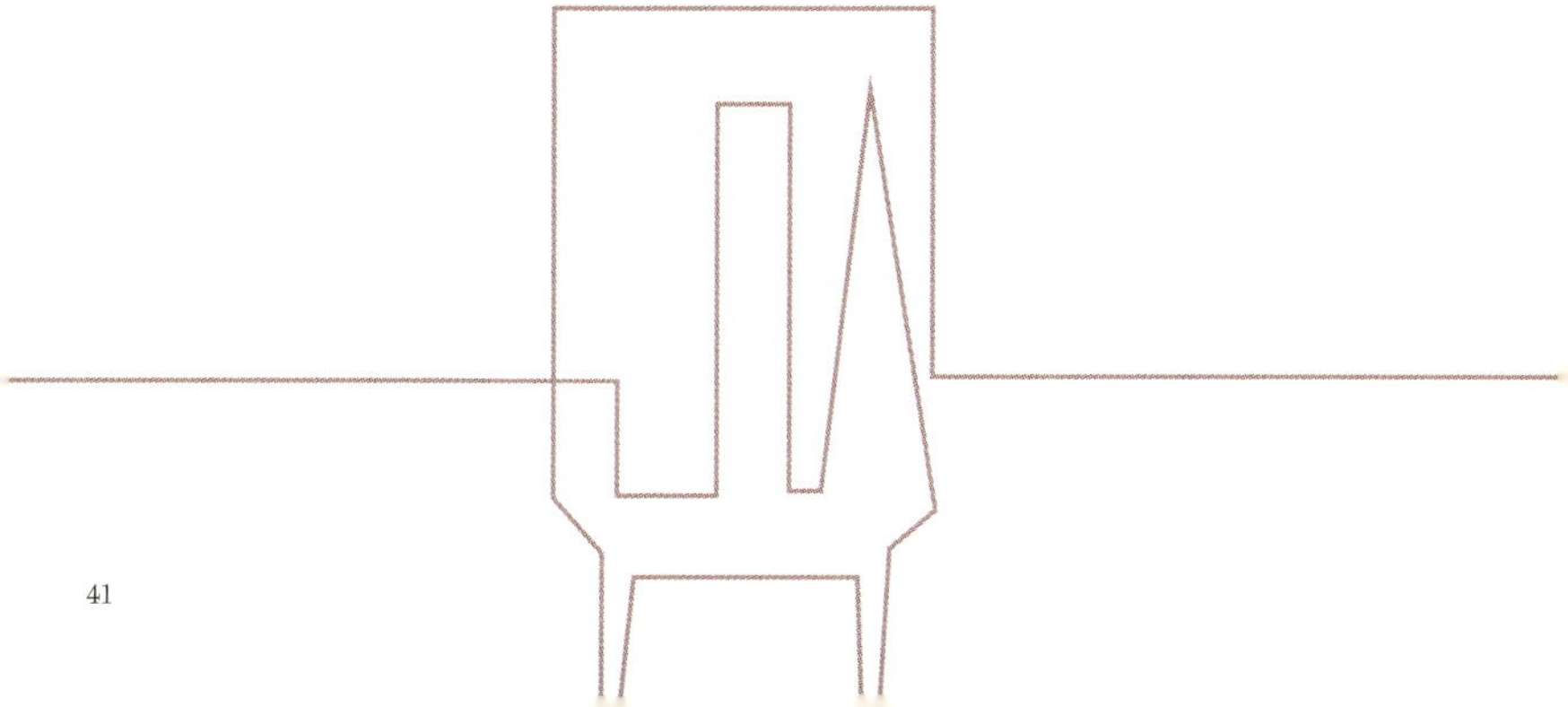

ンクにやってるつもりなんだけど、何か溝があるのよねぇ。要するに、若い子たちの心が掴めなくなったってことなのかな、なんて思っちゃって。私が年をとりすぎたのかしら。客先のおじさんたちと話しているときは、いい感じで、すごい楽なんだけどな（笑）。

マスター　この間ご一緒に来られた方もおっしゃってましたよね。麻里江さん、昔から屈指のおじさんキラーとして名を轟かせていたって。

麻里江　昔はね（笑）。今も取引先のお偉方たちの信頼は厚いのよ。たぶん社内で言えないことも含めて私には話してくれるし、愚痴とか悩みなんかもいろいろ話してくれるもの。それが信頼関係をつくる土台にもなってるし、今でも食事のお誘いなんかも多いのよ。けど、最近の若い子たちにそんな話しても、なんか響かないのよねぇ……。自分の時間を大切にしてるのも理解してるつもりよ。だって、ダイバーシティの委員なんかもやってるんだもん。仕事では男性に負けたくない、って気持ちが強かったり、オンとオフの切り替えがはっきりしてるからなのかなぁ……。

マスター　それって、年齢の問題でしょうか。若いからといって、必ずしも麻

STORY3

里江さんのように取引先から可愛がられるとは限らないでしょう。その新しく異動してきた子だけじゃない気がするんですけどね。その違いって何なんですかね？

麻里江

そうねぇ。その子の場合は、何でも「正しくいよう」「失礼のないようきちんとしよう」としすぎるところがある気がするの。たとえば、取引先との打合わせのときも、会話の中でわからない用語とか出てくるじゃない。私なんか、その子と同じ年ぐらいのときは、その場で「すみません、今の○○って言葉、どういう意味ですか？」って聞いちゃってたけど、その子は絶対にしない。たぶん、それは失礼なこと、恥ずかしいことだと思っている気がするのよね。でも、その後わからなかったことを一所懸命調べて、一週間後の打ち合わせのときには、ちゃんと追いついてくるわけ。すごくえらい子なの。なのに、取引先の評判が高いかというと、そうでもない。この子、出会いに恵まれないタイプなのかなって、ちょっと可哀相になっちゃうくらい。私だったら、「一週間、めっちゃ勉強しました！」って自慢しちゃうのにな。ま、私はきっと、人に恵まれてきたのよ。

神様に感謝しなきゃね。

マスター　そこなんじゃないですか、きっと。麻里江さんが可愛がられてきた理由は。

麻里江　え、どこですか？

マスター　麻里江さんは、わからないことはわからないって言うわけでしょ。相手はきっと、「そっか。じゃあ教えてあげよう」ってなると思うんです。そこで、打ち解けますよね。勉強してきたときは、勉強しちゃいました！　って言うわけでしょ。相手は「おう、そうかそうか」ってなりますよ。だって、それだけ自分たちのために一所懸命に取り組んでくれてるってことなんだから、純粋に嬉しい。そこでまた、打ち解けますよね。そうやって、麻里江さんは周りの人たちと打ち解けた関係をつくってきたんじゃないでしょうか。麻里江さんの周りに、たまたま打ち解けやすい人がいたんじゃなくて、麻里江さんのほうから打ち解けやすい空気をつくってきたんだと思いますよ。

麻里江　言われてみれば、そうかも。最近、若い子と取引先に行ったとき、昔みたいに打ち解けた関係にいまひとつなれないなぁって思ってて、それは、時代とか、自分の年齢とかのせいだと思っていたけど、違うのかもね。私自身が、昔のような「打ち解ける空気」をつくらなくなったからなのかもしれないよね。

マスター　管理職になると、どうしても仕方ないですよね。それなりの立ち居振る舞いを会社からも期待されるんですからね。麻里江さん自身も、どこかで「部長らしくしなきゃ」と思ってしまう部分もあるんじゃないですか？

麻里江　知らず知らずのうちに、いつの間にか化粧が濃くなっていったってことね。

マスター　そうそう。濃くなったというより、化粧がうまくなったってことじゃないですか（笑）。ばっちりメイクが決まった上司から「わからないことは何でも聞いてね。すっぴんで飛び込んできてくれて構わないのよ。気兼ねしないで」って言われても、言われたほうはなんか構えるんじゃないですかね？　すっぴんで飛び込んで行ったら、「そんなこともわかってないの？」とか「もっと勉強しなさい」とか言われちゃうんじゃないか」って。まず、上司からすっぴんにならないと、部下はすっぴんになれないと思いませんか？

麻里江　わかる！「有休はしっかりとれよ」と言っている上司が、全然有休とらずにガリガリ働いていたら部下は有休とりにくいのと一緒よね。そっか、私から率先してすっぴんになればいいのかぁ……。

マスター　私だってそうですよ。初めて来店された方で、ちょっと緊張しているなぁというお客さんには、話しやすい空気を作ってあげますから。こちらから声をかけるというより、お客様から声をかけていただくことから始めて、緊張をとってあげるような話題を振ってあげたり、話したり……。緊張している人に、「緊張しないで大丈夫ですよ」と言っても、余計緊張するだけですからね（笑）。

STORY3

マスターの独り言

仕事ができる人って、どんな人ですか？

と質問されることが時々あります。ひと言で答えるのはなかなか難しい質問ですが、答えの一つとして、「相手に本音を言わせるのが上手い人」というのがあります。

人はビジネス、プライベートを問わず、「本音と建前」を使い分けることで、自分を守ったりさらけ出したりします。建前だけの表面上のコミュニケーションだけで相手を判断したり、評価したりしてしまうと、いつまでたっても相手との溝を埋めることができなくなります。友達関係を例にとって考えていただければわかりやすいのではないでしょうか。恋人同士や夫婦関係でもそうかもしれませんね。相手の本音・本心がどこにあるのかを、いかに正確にかついかに早く掴むことができるのかが、とても重要になります。ビジネスの場合、それがお互いの利害関係になるわけですから、このスピードが勝敗を分けると言っても過言ではありません。本音を言うのが苦手な日本人にとってそのハードルを下げてくれているのが、日本の伝統文化ともいえる「飲みニュケーション」なわけです。

話を元に戻しますと、麻里江さんがお客さんに可愛がられていたのはなぜだったのでしょう。

わからないことを「わからないので教えてください」という真摯な姿勢は、相手に教えてあげようという気持ちを誘発します。この「教えてあげよう」という気持ちは、お互いの距離を縮める格好のきっかけになります。「教えてあげる」「教えてもらう」というやりとりの中で、相手との距離が自然に縮まっていくものです。そんなコミュニケーションが繰り返されることで「本音」が自動的に引き出されることも多くあります。その結果、他社が知りえない貴重な情報が手に入ったり、取引先と忌憚のない密な関係が生まれ、長く続く仕事の関係が築けたりします。もちろん、いつまでたっても「教えてください」では、逆に距離が離れてしまいます。「先日教えていただいたことを自分なりに考えてみたんですが……」という自分なりの努力を伝えてみたり、教えていただいた成果を形にして表現したり、より相手にとって満足のいく提案をして、顧客に還元できれば相手にも満足いただけるものになります。麻里江さんは無意識のうちにそのような行動をしていた結果、顧客に評価されることで仕事の成果を上げ、現在管理職としてのポジションにいるのだと思います。

一方、やってはいけないのは、その逆のことです。

会議でわからない言葉や話が出てきたとします。そのとき、つい「知ってるふり」をしてしまう。これをやってしまうと、「教えてもらえない」→「曖昧なまま仕事を進めざるをえない」→「信頼されるようなアウトプットを出せない」→「ある一定の距離をおいた関係でしかいられない」などという悪循環に入ってしまいます。それならまだしも、知らない言葉は、聞こえなかったことになってしまい、自分に都合よく解釈してしまうことがほとんどなんです。そうなると、上司に対する報告からも漏れますし、社内打ち合わせをしても、もちろん提案にも反映されないということになってしまいます。

麻里江さんの部署に新しく異動してきた社員は、「知ってるふり」をしないまでも、麻里江さんとも顧客とも本音の関係になれていないので、欲しい貴重な情報を入手できないまま仕事を進めざるをえず、結果、「一所懸命やっているのに、いまひとつ評価されない」状況になってしまっているのだと思います。

同様のケースは、ビジネスの場には溢れています。

担当だけでもありません。上司もそうです。「知らないということを悟られたくない」「上司として格好をつけなければならない」といった見栄やプライドがコミュニケーションを拒絶することになっている場面にも多く遭遇します。

「仕事のパフォーマンスが高く取引先からも信頼され、そのうえ、部下や上司からの人望も厚い」と言われる人たちに共通していることは、「相手に本音を言わせるのが上手い」ということです。

実在の麻里江さんは、メリハリの効いた関係を部下と築くことができ、部下たちと距離をグッと縮めることができたようです。

登場人物である麻里江さんを分析してみましょう。

麻里江さんは、非常に積極的で行動的な性格であるように感じます。また、わからないことは、その場で解決しなければ気が済まない性格ですし、元来の社交性の高さから顧客とのコミュニケーションを楽しんでいるところもあります。

さて、マトリックスに当てはめてみましょう。

まずはスピードを落とさずになんでも聞いて解決しようとするところから変化に対する耐性は強いほうであると思われます。なので右側ですね。

次に論理的か感情的かで見てみると、まずは相手とのコミュニケーションのとり方などから、うまく感情をコントロールしている冷静な方だというのがわかってきますね。なので①象限に入ると思われます。では、そのなかではどうでしょうか？異動してきた営業とのコミュニケーションについて悩んでいることから、①－Ｂか①－Ｃといったところでしょう。かなり深刻に悩んで若干のストレスを感じている気もしますので①－Ｃではないかと思われます。

麻里江さんは、そもそも①－Ｄではないかと思われますが、ストレスがかかったことで、ポジションが移動しているようです。変化を好む性格が、ストレスが掛かることで安定を好む方向や感情を抑えたりする方向に移行していると感じます。まず話を聞いてあげることができれば、話すことで自己解決力が働き、何をしなければならないかを自ら探す事ができることもあります。

さて、あなたはどこにいますか？

HRマトリックス③

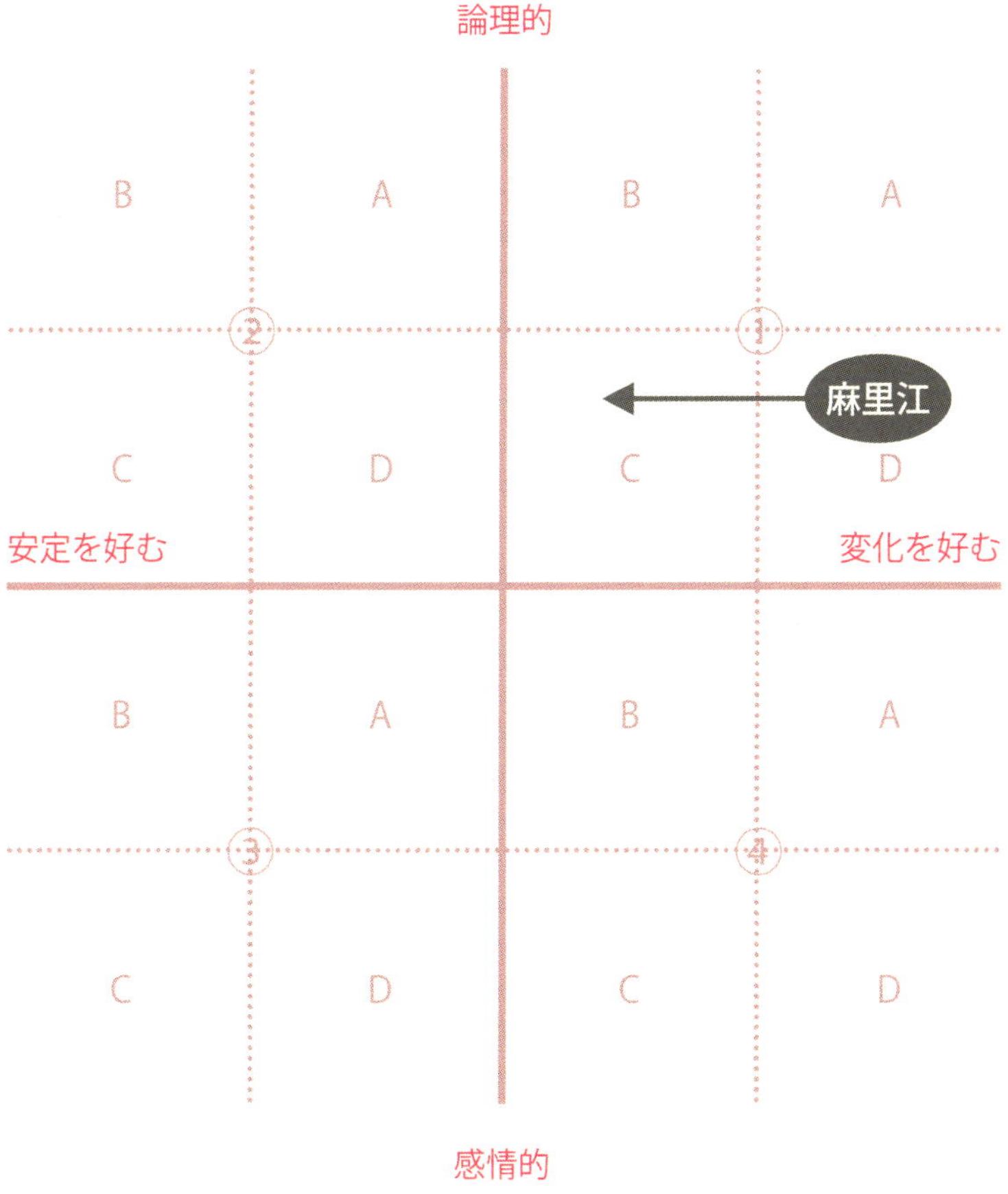

Chapter 4

人はみな、短所の数だけ、長所を持っている

STORY 4

大手外資系メーカーに勤務する三浦部長は、以前は会社のトップセールスマンだったが、管理職に就いてからは、部下育成に苦しんでいる。一年前に別部門から転属してきたものの、なかなか成果の上がらない入社6年目になる部下の鹿島を連れてバーを訪れた。

三浦　なぁ、鹿島。今日のクライアントとの会議で、鹿島の何がよくなかったのか、自分でわかってるか？

鹿島　そうですね。クライアントから説明があったあと、しばらくシーンとなってしまって。あのとき、もう少し、質問とか会話をすればよかったかな、と思っています。

三浦　そうだな。じゃあ、なぜ質問や会話ができなかったんだと思う？

鹿島　事前にもっとよくクライアントのことを調べておくべきでした。

三浦　その通り！　自覚はあるんだな。だったら、なぜやらないんだ？　俺はいつも「しっかり準備しなさい」って同じことを言っているぞ。会う相手がどんな相手なのかを事前に徹底的に調べる。そして、その相手に好かれるためには、信頼されるためには、自分がどう振る舞えばいいのか、しっかりシミュレーションする。俺が、鹿島と同じ年の頃は、必ずやっていたことなんだけどね。

鹿島　「彼を知り己を知れば百戦危うからず」孫子の兵法、ですね。

三浦　お前は、いつも理屈が多すぎるんだよ。頭から入るんじゃなくて、体から入る。今日だって、ああいうときはまず何でもいいから質問したり、会話したりすればいい。それが、営業の基本ってもんだ。ね？マスター。

マスター　はい、それも一理ですね。

三浦　一理？　一理も二理もあるわけないじゃないか？　俺は、ずっとそれを先輩から教えられ、貫いてやってきたから、トップセールスマンでいられたと思ってる。うちの部下たちの仕事の仕方を見ていると、全然ぬるい。準備がまるでできていない。あれじゃ、お客を追い込めないから、仕事はとれないんだよ。論理的に物事を捉え、お客にとって何が必要なのかを想定してから営業に当たらなければ、うまくは行かないんだよ。誤解してもらいたくないんだが、鹿島に対して怒っているとか呆れているとか、そういうことではない。む

しろ、鹿島にはすごく期待している。何よりこいつは地アタマがいい。やればできるのに、サボっているだけなんだと思う。だから、鹿島のやる気スイッチをオンにさせるのが、上司としての自分の役割だと思っているんだ。

マスター　なるほど。ところで、鹿島さん。三浦さんがバリバリのラガーマンだったように、鹿島さんも何かスポーツとかやられてたんですか?

鹿島　いいえ、僕は、スポーツはまったく。

マスター　じゃあ、文化系のサークルとかに入ってたんですか?

鹿島　恥ずかしいんですが、落語研究会に入ってまして。いわゆる「おちけん」ってやつです。

マスター　へぇぇぇ。それはまたユニークですね。全然恥ずかしくなんかないじゃないですか。むしろ、つかみはバッチリ、仕事にも合コンにもつかえそうですね。

三浦　鹿島って「おちけん」だったのか。

マスター　え、三浦さんも知らなかったんですか?

三浦　今はじめてきいたよ。

STORY4

マスター　実際に、寄席に出て落語をやられたこととかあるんですよね。すごいじゃないですか。普通だったら、緊張して心臓止まりますよ（笑）。ああいうのって、慣れれば何ともなくなるものなんでしょうか？

鹿島　いいえ、何度やっても、慣れるということはないです。やる演目は同じだとしても、都度都度お客さんの状況が違いますから、結局、毎回初舞台のときと同じ緊張感ですね。

マスター　でも、一応、その日のお客さんの入り状況見て、「今日は若い人が多いな」とか、「落語をはじめて観る方が多そうだなぁ」とか、そういう、いわゆる「準備」はしっかりするわけですよね？

鹿島　それをやっても、あまり意味がないんです。結局、自分の前の人がどういう雰囲気を創って残したか、に大きく左右されるんで。なので、あまり周到に準備しすぎると、そこに縛られすぎて融通性を失ってしまい、滑りまくってしまうことがある。一度滑り出すと止まらないんです、恐ろしいことに。だから、最初は様子を見ながら入るんです。「ああ、今日はこういう感じの相手なんだな」というのを掴みながら、徐々に上げていく感じです。

マスター　なるほどねぇ……。三浦さん、私が先ほど「それも一理ですね」と申し上げたのは、そういうことですよ。

三浦　え？　どういうこと？

マスター　三浦さんは、バリバリのラガーマンだったじゃないですか。試合に勝つためには、相手をよく研究し、それに対して自分たちの戦力をよく分析しないと勝てない世界ですよね。だから、事前の周到な準備が重要だというのは、すごくよく解かります。でも、鹿島さんとは、コミュニケーションの感覚、価値観が違うんですよ。どんな相手にも柔軟に対応できるよう、準備し過ぎず、最初からギアを上げるのではなく、フラットに入って様子をみながら徐々に上げていく。それもまたアリ、なんじゃないでしょうか。私の仕事なんか、むしろそっちですから。

三浦　それも一理ありそうだけど、営業は違うんじゃないの？　マスターだってビジネスマンの経験あるんだから、どうしたらいいのか聞かせてよ。

マスター　たぶん、鹿島さんは決して「できるのにさぼっている」わけではな

STORY 4

いですよ、きっと。彼は彼なりのやり方でコミュニケーションをとり、相手との関係を築こうとしている。もしかしたら、それは彼にしかできないコミュニケーション手法であり、そういう手法でないと関係や信頼を築いていけない相手だっているはずです。要するに、ある側面で見れば短所に見えることも、別の側面から見れば長所であることって、あると思います。いや、たいていの短所は長所の裏返し、長所は短所の裏返し、なのではないでしょうか。

三浦

マスター、今日は勉強になったよ。俺は、部長になってから今まで、部下を育てるというのは、「短所を消して長所を増やしていくこと」だと思っていたところがある。でもそれって俺自身の価値観で測っていただけということなのかもしれないね。俺が短所と思っていたところが長所だったのかもしれないし、逆に長所と思っていたところが短所なのかもしれない。人それぞれ、なのかもしれないなぁ。個々が持っている長所を見つけて引き出してあげるのが、上司の役割なのかもしれないねぇ。

マスターの独り言

「教える」から、「ともにつくる」という考え方へ

部下教育のあり方は、ひと昔前から比べて大きく考え方が変わりました。とはいえ、三浦部長のような「育てること＝教えること」という考え方のマネージャーがまだまだ多いことも事実です。その理由の一つは、ＯＪＴを主体とした企業教育のあり方にも課題があるのかもしれません。「新人が先輩営業と同行して仕事の仕方を教わる」このやり方はコミュニケーションを深めたり、早期育成には向いているでしょうが、先輩のコピーをつくることになってしまいます。コピーは、そのやり方がいいのか悪いのかを考える思考を奪うことになり、考える力、発想力を奪う結果にもなります。

教えるのではなく「ともにつくる」という考え方では、時間がとても早く流れる現代において、先輩といえども、新人から多くのことを学ぶことが必要だということになります。旧態依然とした教育方法は、女性の活躍の場を狭めている要因にもなってもいます。働き方、ライフスタイルが変わり、経済環境、生活環境が多様化している現代において、過去の踏襲が、女性の働く環境にも影響を与え、女性管理職がなかなか増えない要因にもなっているのではないかと、私は思っています。

高いパフォーマンスを上げて競争社会を勝ち抜いてきた方がマネージャーになった場合、えてして、三浦部長のようなスタイルになりがちです。つまり、自分が実践してきた「成功の方程式」を、部下たちにも実践させることで成功させようとしてしまうのです。しかし、その人がやってきたことは、他人が真似ようと思ってもなかなか真似のできない「その人が圧倒的に得意とする何か」が基盤になっていたからこそ、高いパフォーマンスを上げることができてきたわけです。なので、他の人には、同じことはなかなか実践できません。

しかし、「育てること＝教えること」という概念から離れられない場合、「教える」側も自分が知っていることしか教えられませんから、結果、自分のやり方をあてはめていくしかありません。そして、それをできない部下に対して「なぜ、できないんだ？」「サボっている！」という見方になっていきます。しかし、できるわけないんです。結果、上司も部下も、両方とも不幸になってしまいます。上司は上司で、イライラばかりが募り、部下との関係がぎくしゃくしていく。部下は部下で、自分はダメな社員なのだと思いこみ、自信をなくすか、自分の置かれている環境を嘆き、改善されない環境を悲観し退職することになる場合もあります。

私自身が三浦部長タイプであった時期もありました。解決策が見出だせずに、悩み続けたこともありました。また、三浦部長タイプの上司の下で伸び悩んでいた部下が、上司が変わった途端、急に伸び始めたという例も、たくさん見てきました。

今どきの社員育成の考え方として「褒めて育てる」という育て方がよく言われますが、これまた誤解、曲解しているマネージャーが多く、「褒めて」ばかりでよいかというと、そんなことは決してありません。厳しいときは厳しく、ビシッと叱咤しなければいけません。でも、私はよく「2回叱ったら、3回褒めなさい」と言います。それは、部下のモチベーション維持のためという意味もありますが、上司の部下に対する「観察眼」を養う意味でもあります。たいていの上司にとって、部下の長所を見つけるよりも短所を見つけるほうが簡単でしょう。だから、短所よりも1つ多く長所を見つけるためには、その部下を「よく観察」しなければなりません。よく観察するためには、部下と深いコミュニケーションをとる必要があります。その結果、おのずと、上司と部下はより強い絆と信頼関係で結ばれるようになるでしょう。

ですから、三浦部長のようなタイプのマネージャーは、叱る機会よりも褒める機会のほうを増やす意識を持つことで、部下との関係は大きく変わるはずです。

登場人物である、三浦部長、鹿島さんを分析してみましょう。

三浦部長はトップセールスを続けてきた努力の人のようですね。色々な情報を集め、現場から学んだことを自分のものにしてきている感じです。まさに体育会系のようですが、行動派と言うよりは、データを重要視する慎重派のように感じます。つまり左側ですね。そして論理的か感情的かで見てみると、自信を持ってはっきり物をいうのには論理的な裏付けがあるようです。つまり②象限に入ります。また、そのなかでも感情的な傾向が見られるので、②－Cか②－D。行動も伴っていることから②－Dといったところでしょう。

片や鹿島さんは、状況判断できているものの経験値が高くなかったので、うまく話をつなぐことができなかったようです。落研出身で観客を見ながら話すことができる度胸、行動力を持っていますので右側。また未熟ながらも自分の行動を論理的に分析していますので、上側ですね、①－Cか①－Dあたりです。行動派ではあるものの、それほど強くないので①－Cと思われます。

この二人はかなり近い性質を持っているようです。だからこそ三浦部長には鹿島さんが慎重さにかける、準備不足だと強く感じたのかもしれません。今のビジネスの現場では、経験だけではなく、変化を柔軟に捉え対応することが求められます。認めることからスタートすることを意識してみてはいかがでしょうか。

さて、あなたはどこにいますか？

HR マトリックス④

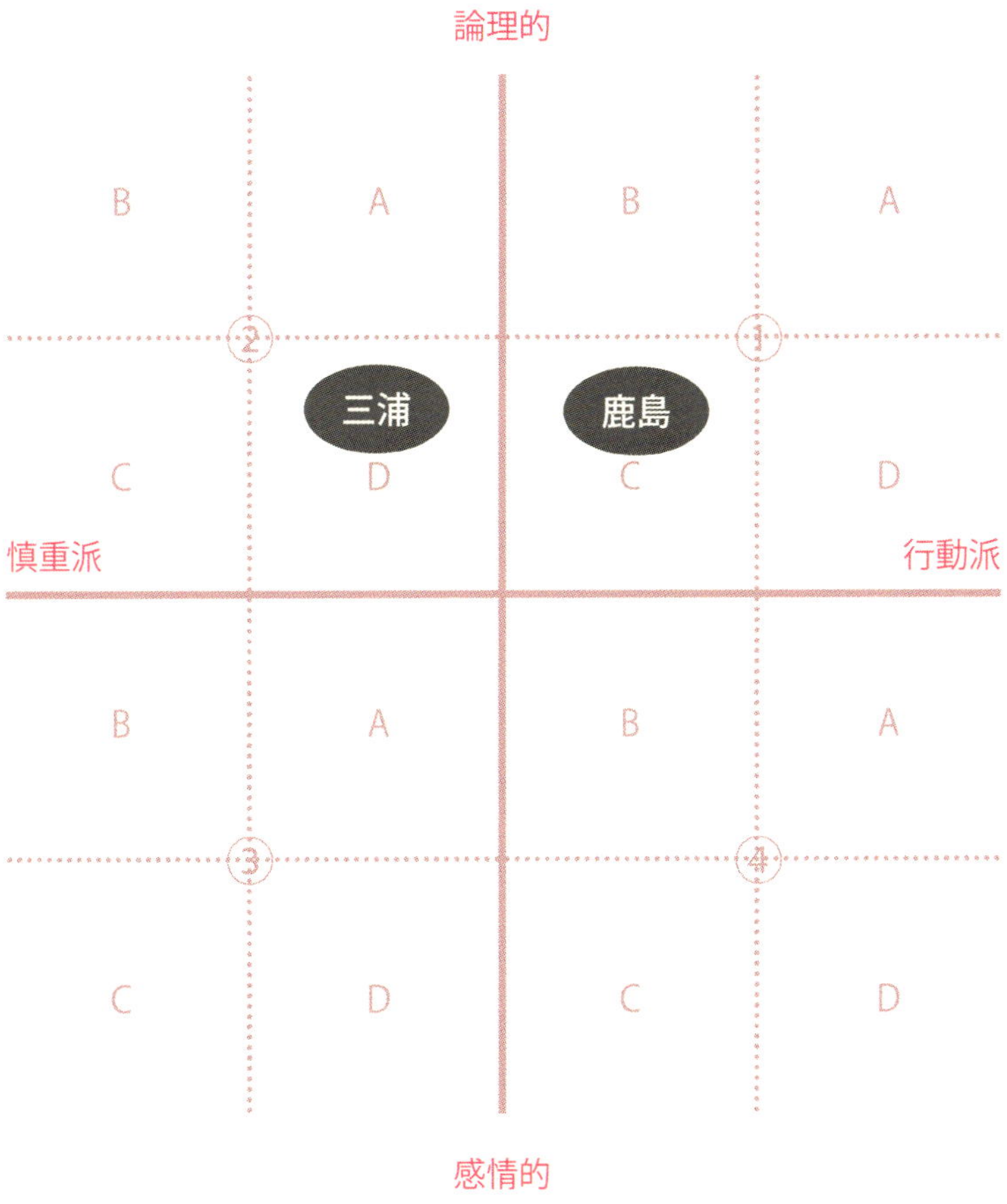

Chapter 5

本当に優秀なマネージャーは、自分より優秀な部下を育てる

中川と崎田は、同じ中堅商社に勤務している。部署は違うが、大学の先輩後輩の関係で仲が良い。中川は入社22年目、45歳部長職。崎田は中途入社で3年目、30歳。この度、崎田の上司であり、中川の元部下である箕島が、43歳にして部長から本部長に昇進する。

中川　箕島の昇進祝い、崎田が幹事を任されたんだって？

崎田　はい。実は今日、中川さんに聞こうと思ってたんですよ、どんな店がいいか迷ってまして。中川さん、箕島さんと長いじゃないですか。僕はまだ箕島さんのとこに配属されて1年も経っていないので、箕島さんの好みをよくわかっていないんです。

中川　どんな所でもいいよ。そういうのに、こだわるやつじゃないから。

崎田　そうなんですか。僕にとって、箕島さんって、箕島ワールド的な強い自分の世界観や価値観を持っていて、何事にもこだわりがある人ってイメージなんですけど。

中川　お客さんといるときは、そりゃ厳しいよ。細かいことにまで、めちゃくちゃ配慮する。でも、身内に対しては一転、ざっくばらんだよ。

STORY 5

そのへんのコントラストが、あいつのいいところさ。

崎田　箕島さんって、もともと中川さんの部下だったんですよね？

中川　うん。崎田と同じ、中途でこの会社に入ってきて、俺のところに配属されたんだ。箕島とはよくここにも飲みに来たよ。ね、マスター。

マスター　そりゃもう、箕島さんはよく覚えてますよ。インパクトある方でしたから。

崎田　どうインパクトがあったんですか？

マスター　中川さんとの関係の変化といいますか、最初にいらした頃と、４年前部長になられた頃とでは、かなり違いましたから。関係の変化といいますか、対話の変化といいますか。

中川　マスターもよく観てるね。そのとおり。あいつはなかなか面白い奴で、将来必ず上に行く人間だなと当時から思ってたよ。

崎田　箕島さんの入社した頃って、どんな印象の人だったんですか？

中川　特に印象はない。ごく普通の人。にこにこしているけど、とりたてた特徴があるわけでもなく、どこにでもいる普通のサラリーマンって感じの人かな。

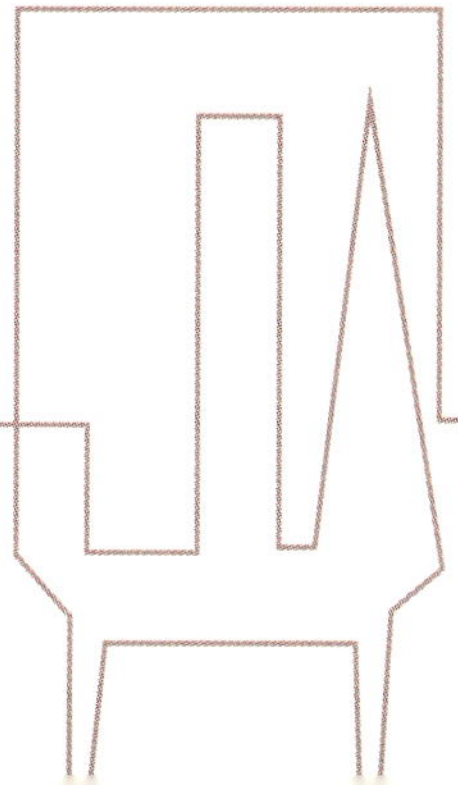

崎田　へぇ、意外ですね。バリバリ仕事できるスーパー営業の箕島さんしか、僕は知りません。

マスター　私、覚えてますよ。採用面接のときに中川さんが箕島さんに「何か得意なことはあるか」と聞いたら、箕島さんは「物を売ることが得意です」と答えて、中川さんが唖然とされたって話してたこと。

中川　あったねぇ、そんなこと。それに加えて、「私は大器晩成型ですから長い目で見てください」って（笑）。即採用決定したね。あのとき俺は、箕島って人間をもっと知ってみたいと思ったし、この自信がどっからきてるのかを確かめたかったっていうのもあったかもしれないね。そのときの質問の趣旨は、趣味や状況対応の幅を知ろうと思ってただけだったんだけど、意外な答えでこっちがビックリしたよ。映画とか、音楽とか、何か得意なジャンルのつもりだったのに、「ひょっとすると、こいつはただものじゃないかもしれない……」と思ったね。

マスター　あの頃は、よくお二人でいらしていただきましたよね。

中川　うん。箕島が入社した1年目は、週に3～4回ここに来るときもあっ

STORY 5

たなぁ。

崎田 そんなに来てたんですか？

中川 とにかく、奴が、しつこく誘うのさ（笑）。「中川さん、今夜空いてますか。空いてたら一杯行きませんか」って。俺も嫌いじゃないから飲みに行くんだけど、そうすると、ずっと質問攻め。「今日の会議で中川さんはなぜああいう発言をしたんですか？」とか「中川さんは普段どんな本を読んでいるんですか？」とか、業務時間中に聞けなかったことを全部聞いてくるのさ。気がつけば終電間際、なんてことはしょっちゅうだった。

崎田 すごいですね。

マスター 中川さん、このとおり面倒見のいい方だから、箕島さんの質問にすべて丁寧に答えてあげてたんですよ。

中川 ところが、ある頃から、さっぱり誘われなくなった。なんかあったかなと思ってたら、別の部門の課長とか、担当とかどんどん人脈を広げていってたんだよね。そして必ずまた俺を誘って、「こういう話があるらしいんですけど、自分はこう考えています。中川さんはどう思われますか？　それはなぜですか？」って。とにかく、吸収力の高さは、誰にも負けないんじゃないかな。

崎田　それ、すごいですね。僕だったら、まず先輩に気に入られたいから、最初は相談もするとは思うんですけど、仕事がある程度わかってきたり、先輩に認識してもらえるようになったら、自分のスタイルで勝手に目の前に与えられた仕事をしようとするんじゃないかと思うんですよね。そして壁にぶつかったら答えをもらいにまた先輩のところに行くって感じでしょうか。

中川　お前、その先輩って俺のことか（笑）。

崎田　あ、いえ。一般論ですよ、一般論（笑）。

中川　まぁ、そんなとこだろうね。崎田の年代ならもっといろんなことに疑問を持ったり意見したりしなきゃならないんじゃないかな。いわゆる子供の頃の反抗期ってやつだよ。それまですくすく育ってきたのが、社会生活や人間の汚いところが見えるようになってきて、自己矛盾を感じ始め、身近な大人である親に反抗する。すでにそういうステージにいるはずだけどな。

STORY5

崎田　「言っても仕方ないかな」とか、「波風立ててもメリットないんじゃないかな」とか、いろいろ考えちゃうんですよね。

中川　そこが崎田の弱いところだな。箕島とはいろんな思い出があるんだけど、あるとき、俺が仕事の方針を変えたことがあった。本当は変えたくなかったんだが、会社が中期経営計画の中で決めた方針だったんだ。俺も部長や事業部長に噛み付いていろいろ話をしたんだが、全体観としては納得できても部門方針として落とすときに、自分の中で未消化のまま部門方針を出したんだ。そしたら箕島のやつそれを見透かしたのか、結構な勢いで俺に噛み付いてきた。中川さんのこれまでの方針と矛盾してませんか、おかしくないですかって。ここで、終電なくなるまで話したね、マスター。

マスター　ええ。あのときの箕島さんは、結構な剣幕でしたね。いつ中川さんが爆発するのかと内心ヒヤヒヤしてました。しかし、徹底的に話し合うことでお互いに納得されたんでホッとしたんです。今だから話せますが、こっそりエントランスに「ＣＬＯＳＥＤ」の看板立てに行きましたもん（笑）。

崎田　そんなこともあったんですね。しかし中川さんは頭に来なかったんですか？　だって、元々部下として入ってきて、いろいろなことを教えて、箕島さんが成長できたのは中川さんのおかげじゃないですか。それなのに、上司である中川さんに反論した。中川さんは、よく聞いていられましたね。自分だったら、耐えられないと思います。

マスター　そこが、中川さんのすごいところなんですよ。崎田さんも、もう少ししたらわかるかもしれませんが、本当に優秀なマネージャーというのは、出る杭を打ったりしない。むしろ、出る杭をもっと出させてあげるんです。バーテンダーの世界でも、同じようなことがありますから。

マスターの独り言

日米通算で、ピートローズのもつ４２５６安打の大リーグ記録を超えたイチロー選手。その実績はもちろん、彼の卓越した才能と並々ならぬ努力の賜物であることに違いありませんが、かつて仰木彬監督という、「出る杭を、打たずにさらに出してあげる」考えと感性を持った上司に出会ったことが、彼の才能を開花させるきっかけになったと、ある記事で読んだことがあります。イチロー選手は、仰木監督の前の上司のときに、打撃フォームの改善を指導されたそうです。その上司も、自らの体験から、その方がよいと確信してイチロー選手に指導したに違いありません。しかし、イチロー選手はそれに従わず、「試合でホームランを打った翌日に二軍に落とされた」という逸話があるそうです。

元上司の中川部長を追い越して、本部長に昇進する箕島部長。むろん、箕島部長が優秀であるのに違いありませんが、上司と部下が徹底して理解し行動することを優先している関係の下でなければ、このような人材は育たなかったかもしれません。また、中川部長も箕島部長との関係があったからこそ成長できているはずです。

たいていの人は、既得権や既得地位をどうしても守ろうとしてしまいます。たとえば、自分よりも仕事ができる人間が部下や後輩にいたとしても、その人の能力を認めることができない上司は多くいるでしょう。まだまだ経験が足りないとか、未熟だとか女性だからとかいう理由で才能を開花させることを遅らせてしまうことが多くあるのではないでしょうか。潜在意識としてそのような気持ちが起こることは仕方のないことかもしれませんが、人材を育てる上でも自身が成長する上でもその考え方をなくすことが重要になります。自分の組織だけでもそうですから、組織をまたいで意見をするなど、多くの企業ではタブー視されているのではないかと思います。「出る杭は打たれる」のはとても残念なことです。しかし、ただのわがままは「出る杭」とは違います。中途採用の面接をしていると、自分勝手なわがままを聞いてもらえなかったために転職活動をしている入社希望者と会うこともあります。そのような人に限って、自分のことを「出る杭」と誤解していることが多いのも事実です。

私もたくさんのマネージャーたちを見てきましたが、本当に優秀なマネージャーとは、イチローを育んだ仰木監督のように、自分よりも仕事ができる人材を輩出するマネージャーのことをいうのだと思います。そういうマネージャーが集う企業は、「成長」します。なぜなら、常に、今よりも仕事ができる社員が次々に育っていくわけですから、その企業全体の総戦力は持続的に上がっていくわけです。当然、成長していきますよね。

短期間で急成長を遂げる企業は、おしなべて、そういうリーダー、マネージャーたちに支えられている企業です。外資系にくらべて、日本では「急成長」する企業がなかなか生まれないのは、出る杭は打たれるというような企業文化が根強いからなのかもしれません。

実在の箕島部長は、圧倒的なパフォーマンスを上げ、外資系企業でSales of the Yearなどを受賞した後、転職。その企業でもメンバーに信頼されるマネージャーとして継続的に実績を残しています。

噂の対象である、箕島部長を分析してみましょう。

この場には登場してませんが２人の会話からある程度想像ができそうです。

まずは、行動派か慎重派かで分析してみましょう。入社早々社内各部署を回ってみるなど、まずは積極的に行動しています。間違いなく右側ですね。では、縦軸ではどうでしょうか？課題を調整することで解決するよりは追求して解決させるタイプのようですね。ということで①象限に入ります。また、そのなかでも自分の意見を持ち、行動することで解決するタイプであることから①－Ａのようです。このタイプの人は、デシジョン（決断）も早いものです。

中川部長はどうでしょうか？

課題解決型では有りますが箕島部長ほどはその傾向は強くないようです。また、行動派かどうかで行くと、事業部長に噛み付いて話をするなどのエピソードから、積極的に行動するタイプであると思われますが定常的な傾向ではなく、そこまで強くはないということから考えると、①－Ｂか①－Ｃですね。課題調整もできる感じですから①－Ｃのようです。

一般的には多くの人が、課題があるのはわかっているけど、そこに波風立てるよりもうまく調整して過ごしたいという傾向が強いと思われます。

崎田さんはここにあたりそうですね。③－Ａというところではないかと思います。

さて、あなたはどこにいますか？

HRマトリックス⑤

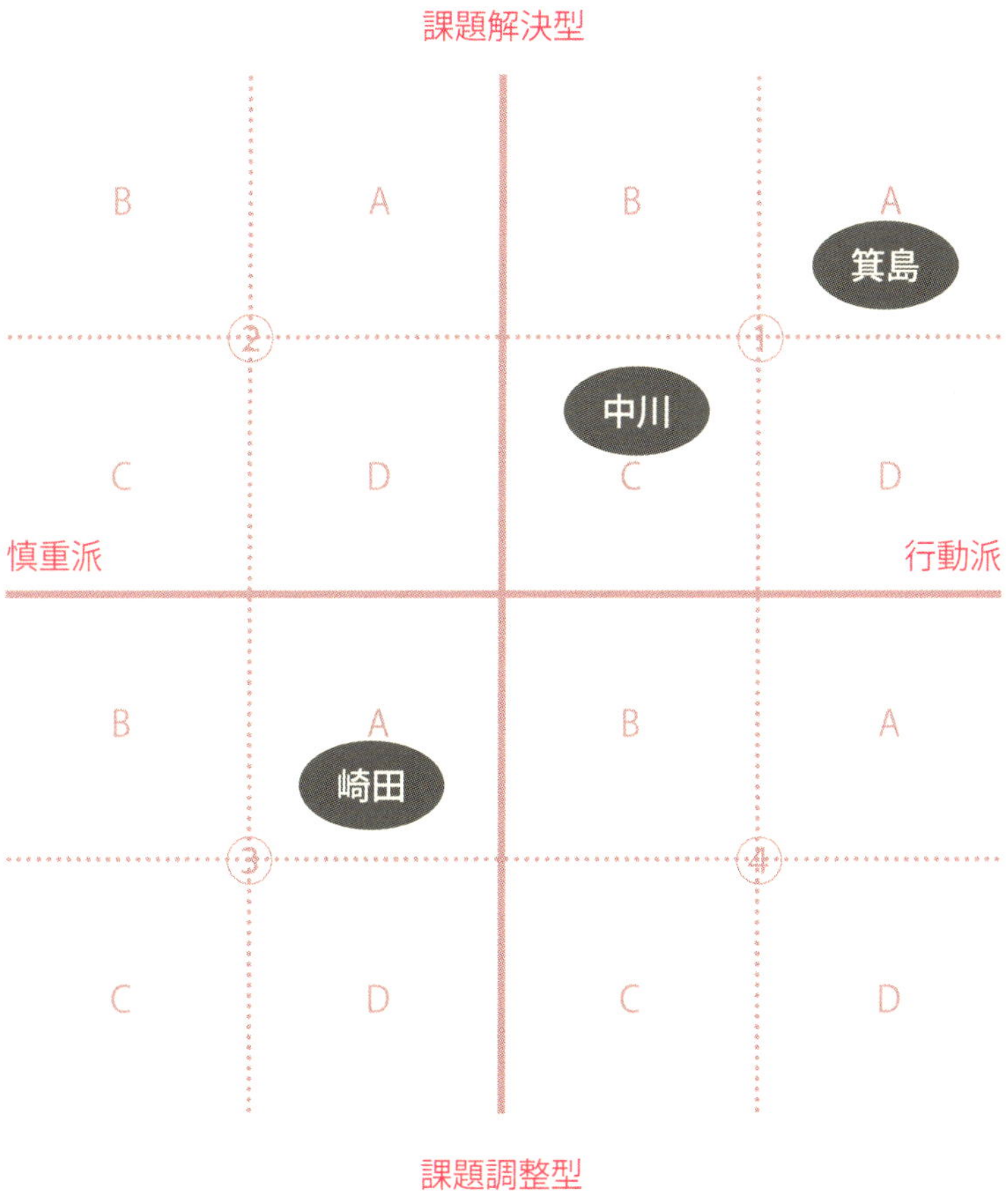

Chapter 6

本当の美人は、自分のことを美人と思っていない

STORY6

成海と遥香は、部署は違うが同じ雑誌系出版社に勤める、入社４年目の同期。女性誌中心の出版社ゆえに、女性社員比率が高い職場である。

成海　遥香は羨ましいよ。同じ部署に有紀さんみたいな人がいて。ああいう人が一人いるかいないかで、雰囲気全然違うよね。

遥香　成海のとこにだって、男性社員から人気の陽子さんがいるじゃない。美人で、仕事もできて、いつもカリカリ怒っている田中部長でさえ、陽子さんだと態度が変わるもん。

成海　でも、陽子さん、結構敵も多いからなぁ。あんだけの美人だから、まぁ、男の人はたいていやられちゃうんだけど、それでも、たまには通用しない人もいるしね。仕事もできるんだけど、美人を鼻にかけてるというか、「私なら許してもらえるでしょ」みたいな上からな雰囲気が出てるんだよね。だから、敵もつくっちゃうんだと思う。私は、有紀さんのほうが断然素敵だと思うけど。

遥香　美人の定義があるわけじゃないしね。マスターにとって美人って、どんな人です？

マスター　もちろん、目の前に座っているお二人みたいな人ですよ。

成海　まぁ、その言葉はありがたく頂いておくとして……（笑）。遥香のいうように美人って何なんでしょうね？　女性から見た美人と男性から見た美人でも定義が違うんだろうし、そもそも男性から見た美人って、同性から見たらそんなに美人じゃなかったりするよね。

遥香　そりゃそうよ。だって男性の前と違って、同性の前では油断してるところも見えちゃうんだもん。いい男の定義も男女で違うんじゃないかな？　マスターから見た美人とか、いい男っていうのも聞かせてくださいよ（笑）。

マスター　本当にお二人は美人だと思いますよ。成海さんと遥香さんみたいな人が同じ職場にいたら、仕事にならないと思います。それはそうと、お二人の職場の方、今まで何人かいらしていただいていますけど、みなさん綺麗な方ばかりじゃないですか。そんな職場で働く男性社員って羨ましくも感じますが、そればかりじゃないんでしょうね。

成海　マスター、ぜひ働いてみて。めっちゃ大変だから、女の職場って。

マスター　何となく想像はつきます……。

遥香　そう。ほんと疲れるよね。みんなもっとラクにいこうよ！　って思う。女子ばかりなんだからすっぴんでいいじゃん！　って私なんかは思うんだけど、みんなもう毎日が勝負日みたいな感じでバッチリメイクして、こんな高いヒール履いてさ。私、この間、デニムにディズニーのTシャツで出社したら、先輩に超冷たい目で見られた。「あなた、何なのその格好？」って感じで。

成海　一応、私たち雑誌の出版というトレンドリーダーとしての仕事をしているわけだから、その先輩の気持ちはわからないでもないな（笑）。でもさ、その点、有紀さんって、ファッションとかに全然こだわってないよね。この間も、可愛いポーチ持ってたから、「有紀さん、そのポーチどこで買ったんですか？」って聞いたら、「ドンキで衝動買いしちゃったの。可愛いでしょ」って。「え、意外！　有紀さんみたいな綺麗な人も、ドンキとか行くんですか？」って、思わず叫んじゃった。でも、そういうところも、素敵だなぁって思っちゃうのよね。これが、華があるってことなのかな。そこが、同じ美人でも、陽子さんとはちょっと違うところよね。陽子さんだったら、「あ、これね。この間、出張でニューヨーク行ってたでしょ。そのときに、買ったの」ってなるわけ。きっと。そのへんが、陽子さんを素敵だとはいまひとつ思えないところかな。

遥香　確かに、有紀さんには華があるよね。成海のいうとおり、ファッションとかシンプルだし、化粧もそんなに派手じゃなくってナチュラルって感じじゃない？　で、仕草も飾っている感じがまったくしない。でも、この間、同じ部署の子の結婚式のときドレスで出席してた有紀さん、超綺麗！　かと言って目立ちすぎないようにしてるところが、すごいと思わない？　有紀さんのあの華のある感じは、いったい何なんだろう。持って生まれたもの？　マスター、どう思う？

マスター　そうですね。確かに、綺麗な人と華のある人とは、別かもしれませんね。綺麗なんですけど華がない人もいれば、特段美人というわけではないけど華のある人もいますし。女性って不思議です。

成海　そうよね。陽子さんってさ、外見の良さ、つまり美人であることがきっかけで自分大好きになってしまってる気がするの。私だって自

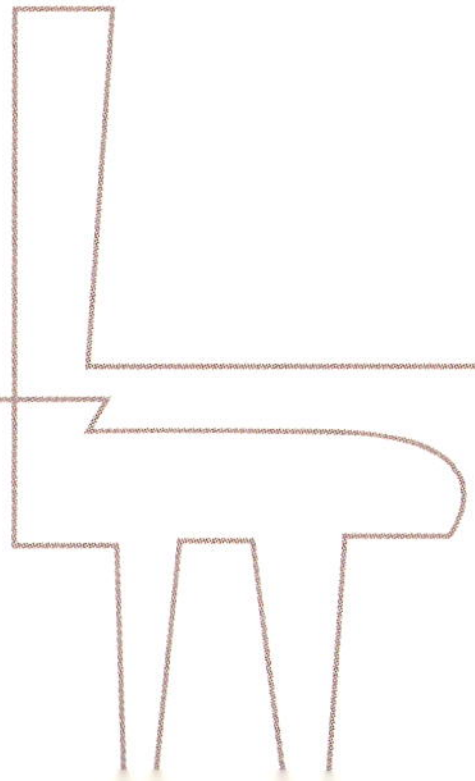

分のこと好きだけど、そこまではないかな。仕事ができるキャリアウーマンとしてのプライドが「できる女」を演出している気がするのよね。私が、陽子さんより有紀さんのほうが素敵だと思うのは、有紀さんは美人であることに甘えていない。この間も、時間ができたからって、飲み会の後片付けや、新人教育の手伝いなんかを積極的にやってくれるんだもん。そんなの私たちがやりますって言っても、「気にしないで、時間が出来たから手伝いさせて」って、なんか、気さくなんだよね。有紀さんは私たちの憧れなんだからそんなに汚れ仕事やらなくてもいいのに……って、さすがに思っちゃった。

マスター　有紀さんって方は、お話を聞いているだけでも素敵な方のようですね。たぶん有紀さんという方は、自分を過度に演出したいなんて思っていないんじゃないでしょうか。なんていうか、日頃から自分より、相手を優先する意識の高い方なのかもしれませんね。もちろん、自分のやるべきことややりたいことは理解したうえで、相手を優先したり、先読みできる視野を持っているんではないでしょうか。実は、バーテンダーの世界でもそうなんです。いわゆるカリスマバーテンダーと言われる有名なバーテンダーって、お酒が美味しい、知識が豊富なのは当然なんですが、そんな雰囲気を一切出さないんです。とにかく格好いいんですよ、存在そのものが。まさに、華がある。でも、格好よく振る舞おうなんて微塵も思ってないんです。目の前にいるお客さんに対して、自分が提供できる最高のお酒をお出しし、いい時間と空間を1秒でも長く過ごさせてあげたいという思いと真っ直ぐに向き合っているんですよね。それが、オーラみたいなものにつながっているんだと思います。すごいな、と思いましたね。私なんか、まだまだ「自分」が視野の中に入ってしまう。修業が足りないと思いますね。

遥香

確かに、有紀さんも、対象に対してピュアなんだと思う。「あ、このポーチ可愛い」と思ったら、真っ直ぐに「可愛い」んだと思う。高級ブランドであるか否かとか、眼中にないのかも。結局ブランドを気にするっていうのは、どこかで、自分がどう見られたいかが気になってるってことでしょ。結婚する同僚を祝いたいという真っ直ぐな気持ち。広告主に申し訳ないという真っ直ぐな気持ち。そこがピュアだから、結果、華がそなわるのかもしれないね。

マスター　お二人がそこまで憧れていらっしゃる、有紀さんをぜひお連れくださいよ。お会いしたいなぁ。

遥香　あ、そうね。今度誘ってみるね。

マスター　ところで、有紀さんという方は、独身ですか？

成海　マスターのそういうところが、まだまだ修業が足りないところね（笑）。

STORY6

マスターの独り言

この章のタイトルである「本当の美人は、自分のことを美人と思っていない」は、いろいろな言葉に置き換えることができると思います。

本当に仕事ができる人は、自分のことを仕事ができる人間とは思っていない。
本当に強い人は、自分のことを強い人間だと思っていない。
本当の人徳者は、自分を人徳者であるとは思っていない。

「美人である」「仕事ができる」「強い」「人徳者である」といった評価は、他人が行う相対的な評価です。読者の職場にもきっと、「仕事ができる」と評価されている人がいると思いますが、それはその人に対する絶対的な評価ではなく、たまたまその時代の、その職場の、とある基準による評価にすぎません。時代が変われば、職場が変われば、評価のルールが変われば、変わってしまう「不安定な価値」です。

例えば、転職を例に取ってみましょう。仕事ができる、昇進候補だと見られている人が転職して他の企業に行ったケースはあなたの周りでもあるのではないかと思います。では、その人は新しい企業で活躍していますか？　活躍していれば素晴らしいことでその人には、本当の力がそなわっていて、順応性が高い人であるといえますが、活躍できずにほんの数年、数ヶ月で別の企業に転職する人も多くいます。

本当に仕事ができる人、コンスタントに高い成果を上げる人は、一過性の不安定な価値に基準をおいて仕事をしていません。故に、単に会社に評価されようと思って仕事をしているだけでもありません。アサインされた仕事に対して、サービスを提供する相手に対して、真っ直ぐに向き合い、成果を出し続ける。その結果として「評価がついてきている」ということなんです。

「なぜ自分はこんなに頑張っているのに評価されないのだろう?」「同期のあいつが高い評価を得ているのは、仕事や人間関係に恵まれているからに違いない」そんなことを思いながら働いている人は、まだまだではないでしょうか。結果として成功するのではなく、目標を明確にして達成することができてこそ評価されるべきものです。有言実行でなければならないんです。

会社は、学校と違います。学生時代は、試験で少しでも高い点数をとり、少しでもよい成績を上げることを目標としてきた人が大多数でしょう。そうした長い間身についてしまった習性が、社会人になってからも抜けきらない人がいます。でも、社会に出たら違います。

目標の設定は単に数字だけではありません。継続的にビジネスをするため、継続的に成績を上げるためにはどうすればいいかを考えなければなりません。また、ビジネスは一人で出来るものでもありません。多くの人が携わり、そのチームの中で成果を上げていきます。そこには顧客との関係も含まれます。自分が与えられた市場の中で最大限のパフォーマンスを上げるにはどうしたらいいのか。市場を変えることが必要であればその必要性を論理的に説明しブレイクスルーしていくことが必要になります。自らに問うべきは、「自分は、あいつよりも、あの子よりも、上にいるだろうか」ということではなく、「いま自分ができる最大パフォーマンスを発揮できているか」ということであるべきです。そういう心構えを持ち、活躍している人は輝いていますし、華があるように見えます。美人であるかなんてそこには関係ないんですね。男女問わず容姿ではなく素敵な人は素敵ですし輝いています。そして、それら輝いている人は、自分のことを輝いているとは思っていません。まだまだ自分は足りない部分が多いと思っているはずです。それは、目指す目標がもっと高いところにあるからです。だからこそ、謙虚に話を聞き、向上心を持ちながらも他人との比較に一喜一憂するのではなく、真っ直ぐに仕事や人に向き合っているんです。そうすればおのずと、評価はついてくるものです。

実在の有紀さんとは、すでに20年以上のお付き合いがありますが、今でも出会った当時と変わらず、本音で話ができる、素敵な友人です。

噂の中心にいる陽子さんと、有紀さんについて分析してみましょう。

まずは、美人だけど少々距離の有りそうな陽子さんからです。

まず、横軸の行動力でみてみると、どちらかと言うと行動派のようですから右側に位置しますね。さらに、みんなに注目されていたいという雰囲気を感じますので、④象限に位置するようです。そのなかでも行動力は突出していますが、みんなといたいということでは身内のなかでのコミュニケーションが主体になりそうですので、④－Cか④－Dのようです。あとは上司にも率先して意見をいうというところから、④－Dであると判断できそうです。

では、有紀さんはどうでしょうか。

行動派か慎重派かで見ると、ちょうど真ん中あたりですね。自分からみんなに寄っていく感じではなく、どちらかといえば周りが寄ってくるタイプですね。間違いなくナチュラルな感じですからこれも真ん中。つまり、①－C、②－D、③－A、④－Bのどこかです。次にコミュニケーションのとり方も閉鎖的ではなくオープンな感じであり、自分の目に自信があるタイプに感じますので、①－Cと判断できそうです。

自然が良くて華美が悪いわけではありません。しかし、真にオープンなコミュニケーションを意識するには、周りが寄って来やすいポジションを作ることも必要かもしれませんね。

さて、あなたはどこにいますか？

HRマトリックス⑥

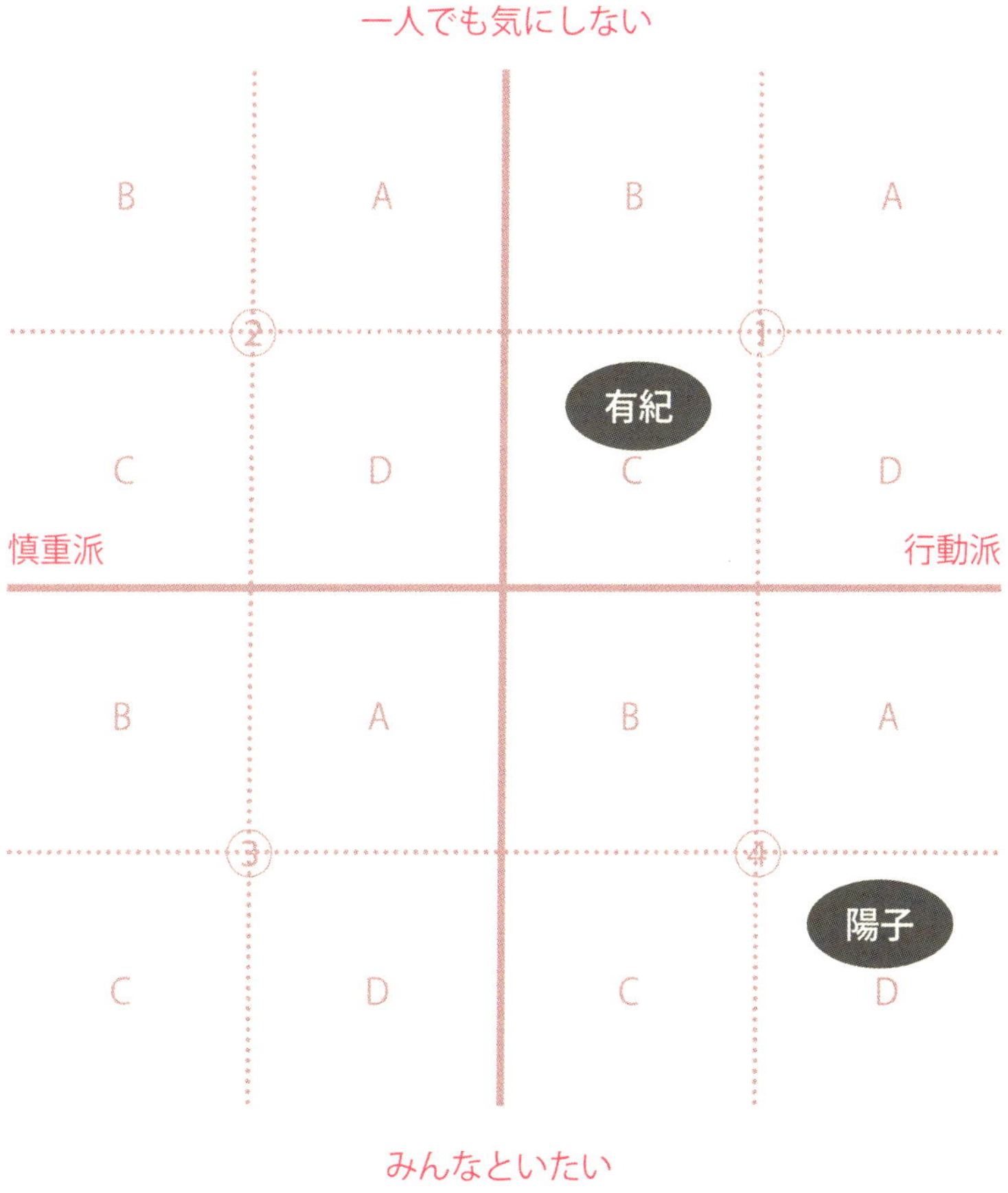

Chapter 7

アンチエイジングとは、若返ることではなく、年齢に縛られた既成概念から脱することである

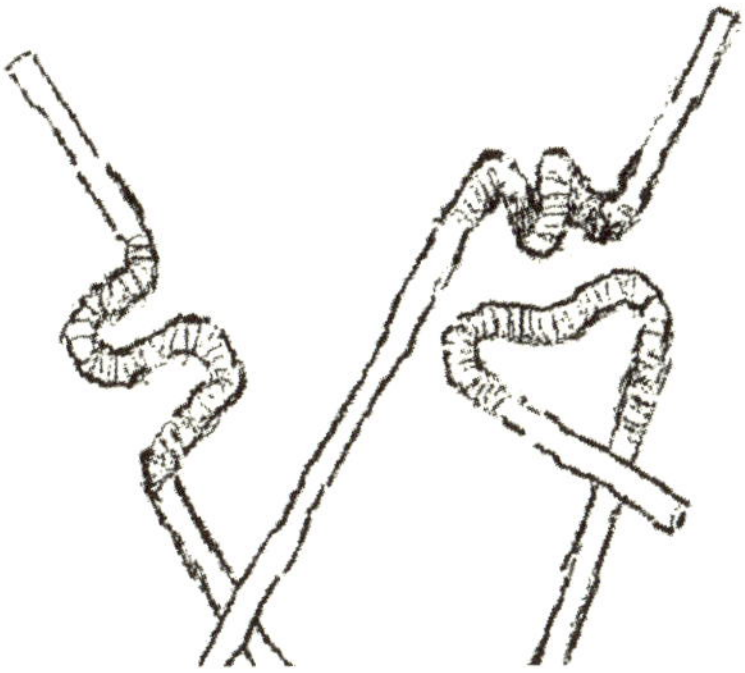

STORY 7

弥生は、4年前、勤めていた会社を辞め、今はフリーのキャリアコンサルタントである。ワインが好きで、お金を貯めてはふらりとフランスやイタリアのワイナリーに出かけ、レアもののワインを仕入れてくる。このバーは、以前会社勤めしていた頃からの常連。久々に訪れたところ、かつての同僚、後輩の晴子に出会った。

晴子　弥生さん、何年ぶりですか？　4年ぶりくらい？　でも全然変わってないですね。ていうか、むしろ若返っていてびっくり！　エステとか通ってるんですか？

弥生　そういう晴ちゃんも変わってないよ。相変わらず、あの会社にいるの？

晴子　はい。相変わらずです。居心地が悪いわけでもないし。仕事もまぁそこそこ楽しいんで、なんとなく。でも、ここんとこ年月がたつのがめちゃくちゃ早くて。バタバタしているうちに、「あれっ、あっという間に今年も終わり？」って感じで……。

弥生　東京は、季節感ないからね。その点、フランスの田舎なんかいいよぉ。

のんびりしてて。ちょっと涼しい風が吹き始めると、「あ、今年もそろそろブドウの収穫の季節だなぁ」なんて。

晴子　いいなぁ！　めちゃ羨ましい！　私も弥生さんみたいに自由に生きたい！　って、思うのは思うんですけど、実際、できないですねぇ。私、臆病だから。

弥生　でも、仕事が楽しいんなら、いいんじゃない。私は、この会社で女性に与えられてる新しくて面白い仕事って当分ないな。って思ってたから、それであっさり会社辞めちゃったんだ。

晴子　うーん。本当に仕事が面白いかというと、そうでもないかも。お給料もらうために我慢してるって感じかな。仕事を楽しんでいるって感覚はとっくにないですね。私このままでいいのかなって、いつもどこかで思ってます。

マスター　どうしたんですか？　いつも明るい晴子さんにしては、珍しい発言ですね。

晴子　私、今年で32だよ……。実家に帰ると、親には「結婚まだしないのかビーム」出されまくりだし。そりゃ、私だって考えますよ。いつ

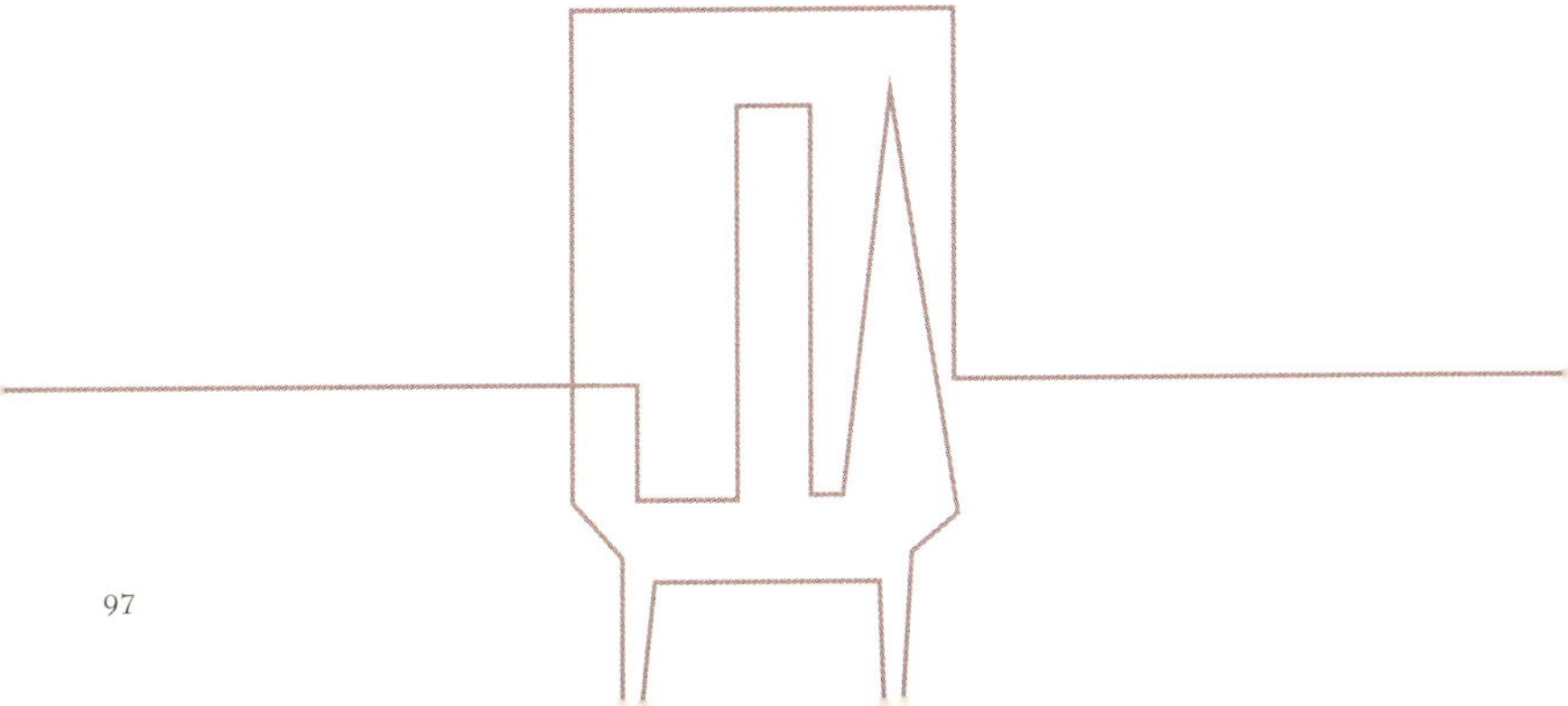

までも、若いつもりでいられないって。

弥生　晴ちゃん、全然いけるって。まだまだじゃない。年齢とか気にする必要ないいんじゃない。

晴子　そうかなぁ。私、弥生さんに聞いてみたかったんですよね。弥生さんが突然、イタリアに語学留学しまーす！　って言って会社辞めたのって、今の私と同じくらいの年齢だったと思うんです。ぶっちゃけ、弥生さんぶっ飛んでるなぁ……って思いました。だって、キャリアも積んで仕事もバリバリ任されるようになって、社会人的にはこれからってときじゃないですか。そのキャリアを、あっさり捨てて、しかもこの年齢から語学留学って、正直、私的にはありえないですよ。あんなに仕事ができた弥生さんが、なぜああいう人生の選択をとったのか、実は、ずっと知りたかったんです。

弥生　正直、よく覚えてないんだよね。ワイン飲むと全部忘れちゃう性格だから（笑）。でも、やっぱり晴ちゃんと同じような感覚で、悶々としていたように思うなぁ。

マスター　私、よく覚えていますよ。会社辞める決断したときの弥生さんがここでおっしゃっていた言葉。

弥生　私、何か言ったっけ？

マスター　今まで、私は私以外の誰かのために生きてきたけれど、これからは私のために生きることにしたんだって、おっしゃってました。

弥生　ああ、確かにそんなこと、言ったかもしれない。よく覚えていないけれど。

マスター　私は、とてもびっくりしたんですよ。いい意味で。だって、普通、逆じゃないですか。人は、若いころは自分のために働いたり生きたり、それが年を重ねて大人になると、自分以外の誰かのために働いたり生きたりするようになる。でも、その逆を行こうと、あのとき弥生さんは決めたわけで、私自身、ハッとさせられましたよ。だから、よく覚えているんです。

晴子　なぜ、ハッとさせられたんです？

マスター　われわれって、結局どこかで年齢という見えない鎖に縛られた常識の中で生きているんだなぁって。「歳を重ねたらこうあるべきだ」「こういうことは若いうちに経験しておくべきだ」なんて、みんな言う

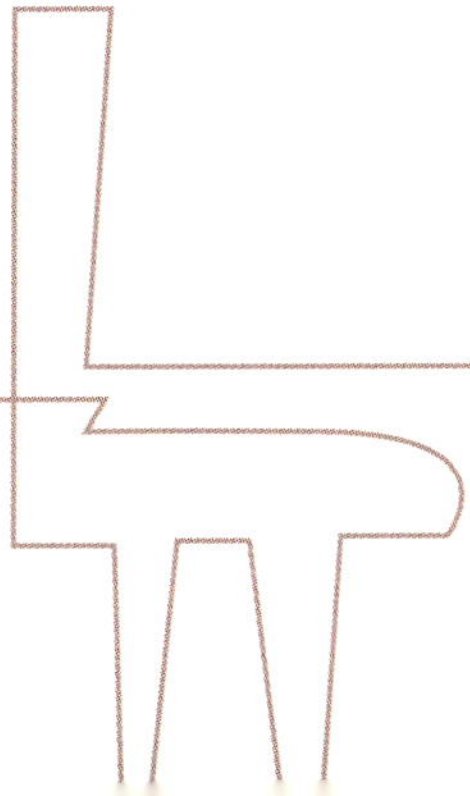

じゃないですか。30代になったら、いい加減結婚を考えるべきだとか、語学留学は若いうちに体験しておくべきだとか、みなそうですよね。

晴子　そうそう。なんか、一般論みたいな考え方にそぐわないと、まるで常識がないみたいな言われかたをするんですよね。なんか女子だけそんな見方をされるなんて理不尽じゃないですか。

弥生　晴ちゃんも、なんか溜まってるって感じね。それがわかってるなら行動するしかないんじゃない？　30代になったからとか40前にはとかいうのって関係ないのよね。そうしたいと思ったときが適齢期なんだろうし、私が留学先のイタリアに行ったときに知り合ったイギリス人の女性なんか、40代で料理留学してたし、年齢に縛られてるのって日本人くらいのもんじゃない？

マスター　そうそう、あのときの弥生さんのあの言葉をきいて、年齢に結び付けられた既成概念から脱したんだなぁと思ったんです。私も、バーテンダーやってもう15年になります。まぁまぁベテランの領域です。「ベテランバーテンダーなんだから、こうあるべきだ」「今さらこん

STORY 7

なことやり始めたら格好悪い」とか、自分を狭めていた気がしますね。

弥生　マスターの言う通り。当時私も、年齢というものに束縛されていた自分がいた。世の中に「アンチエイジング」という言葉がはやって、ハイキャリアな女性はみんな、たくさん稼いで、稼いだお金を高い化粧品やエステにつぎ込んでさ……。でも、あるとき、それってアンチエイジングじゃないんじゃないか、むしろ加齢に縛られて生きている生き方なんじゃないか、って思ったのよね。私は昔からずっとヨーロッパで生活してみたかったし、勤務時間とか査定とかにとらわれないフリーな仕事もしてみたかった。仕事のキャリアもそこそこ積んだし……って、考えた時期もあったけど、その縛りから解放された途端、「なんだ、今からやればいいんだ」って思ったのよね。

晴子　なるほど！　今の弥生さんが、なぜこんなに若々しいのか。謎が解けました！

マスターの独り言

美魔女って言葉が流行っていますが、美魔女ってどんな人なんでしょうね。

美しさとはどこから現れてくるものなのでしょうか？　アンチエイジングのために美容に気を使うことで得られるものでしょうか。それも正しいのかもしれません。なぜなら、美容を意識し、いつまでも美しくありたいと思い努力をすることで自信を得て、胸を張って歩ける。これもアンチエイジングかもしれません。しかし、それだけではないですよね。胸を張って歩いている人、輝いている人はどこか自信が溢れています。それは表面ではなく内面から湧き出ているものであると思います。

「40歳過ぎたら男は自分の顔に責任がある」第16代アメリカ合衆国大統領のリンカーンの言葉です。今では、男性だけでなく女性も同様だと思います。その人が持っているこれまでの経験、自信が表面的なものでなく内面的なものであるからこそ、それが表面に現れてくるということを意味しているに違いありません。

本章の晴子さんはどうでしょうか。仕事としての経験値は上がってきているものの、新しい発見や経験、体験というものが足りないように感じますね。現状に大きな不満はないものの、何かを始めるリスクと照らし合わせると「まっ、いいか……」というところで妥協してしまう。男女を問わず多いのではないでしょうか。

一方、弥生さんはどうでしょう。自分の人生、思いきって勝負してみるという判断ですね。これまで縛られてきた人生から抜け出して自分のやりたいことを始める。とてもリスクがあると感じる方も多いのではないでしょうか？　しかし、好きなことを始めたという崖っぷちの気持ちをポジティブな意識に変えているんです。生き生きしている人ってこんな人のことを言うのではないでしょうか。決してエステや美容、化粧品がどうのと言っているのではありません。

「人はすべて生まれたときから死へのカウントダウンが始まっている」ということも忘れてはいけません。年齢を重ねることに抗うのではなく、その人生をどう生きるかに焦点をあて、チャレンジすることがアンチエイジングにつながるんです。会社を辞めて起業したり、転職することがすべてではありません。同じ企業にいても、そこで新たなプロジェクトに関わったり、自分の企画した仕事についたり、何か新しいことを自分で企画し実行できるスキルを身につけることでも同様の経験は得られるものです。意識の持ち方次第で、機会を捉えることができるということなんです。

「諦めすにチャレンジし続け、それが報われなかったら外に出ることも視野に入れる」というのも、現代に生きる今のビジネスパーソンに与えられた機会です。私自身、これまで3社経験しました。最初が8年、次が11年、最後に5年そして起業です。それぞれの会社でそれぞれの特徴があり、素晴らしい経験をさせてもらいました。これらが今の自分を作ってくれています。簡単に諦めるのではなく、チャレンジすることが経験値を上げるには重要であることも忘れてはいけません。

実在の弥生さんは、本文と同様に安定した優良企業を飛び出し、海外留学を経て、今は自分で起業され成功されています。

登場人物である晴子さんと、弥生さんについて分析してみましょう。

まずは、いろいろ会社に不満がありながら、今の環境から逃れられない晴子さんです。慎重派か行動派かで見てみると、慎重派つまり左側ですね。つぎに、課題を調整しながら自分で納得するタイプのようですので、③象限に入りそうです。次にリスクを恐れながらも何か新しいことにチャレンジしてみたいという気持ちはあるようですし、きっかけさえあれば決断もできそうですので、③－Ａであると思います。

では、弥生さんはどうでしょうか。

自分に自信があるかどうかではなく、自分を追い込んで自分のものにしていくバイタリティを感じます。つまり、間違いなく行動派であり、課題解決型ですので①象限に入ります。そのなかでも、これからの人生は自分のために使うとか、さっさと会社を辞めて留学をするという傾向から、よりその傾向が強い①－Ａといえます。

晴子さんは、会社を辞めた世界がどうなるのか、生活ができるのかを懸念しているわけですから、今のようなストレス状態が続くと④－Ｂや①－Ｃに移行する可能性があると思われます。何かきっかけがあれば、リスクを恐れずに判断をするタイプですね。

さて、あなたはどこにいますか？

HRマトリックス⑦

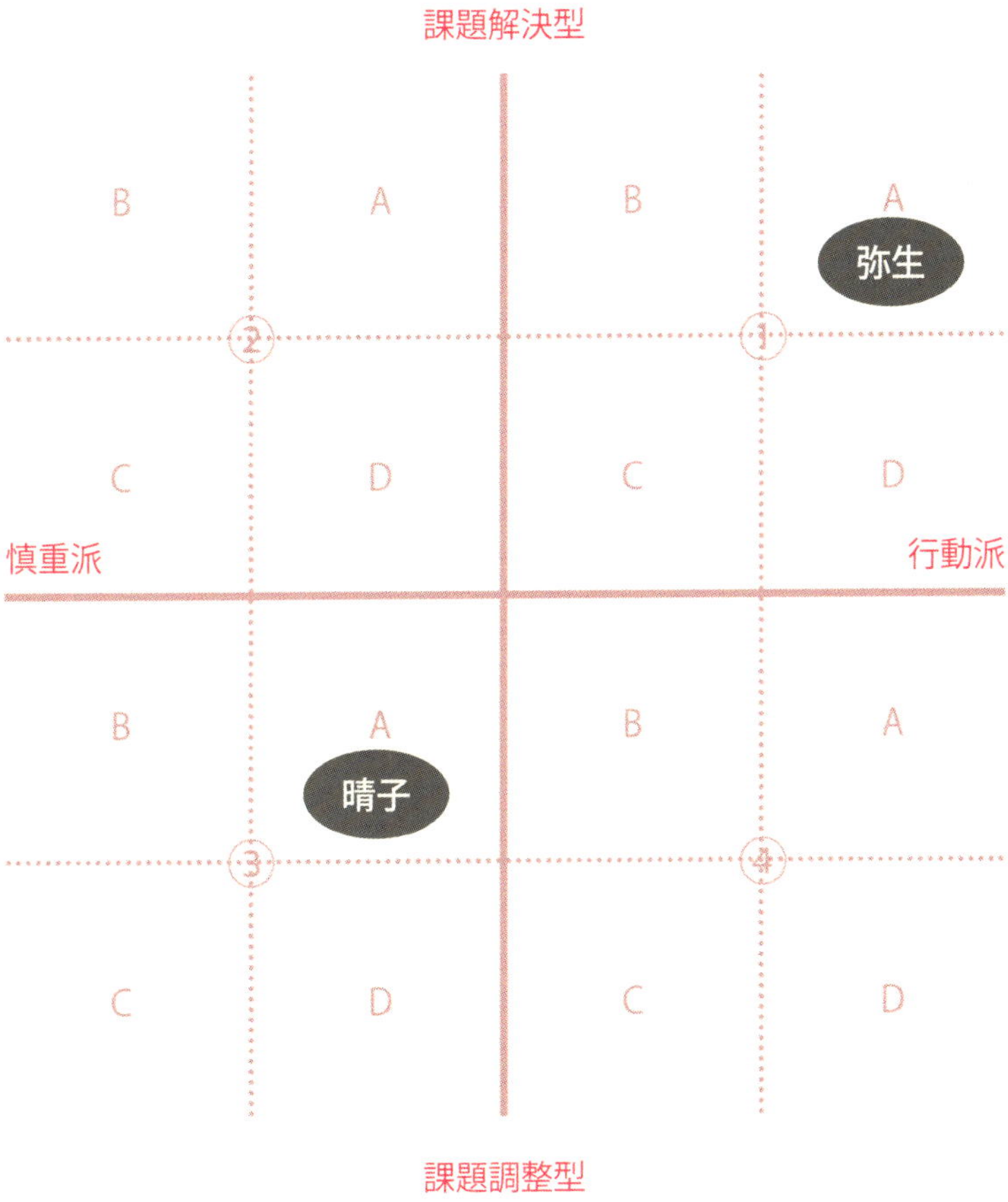

Chapter 8

気配りの達人は、空気を読んだうえで、その空気に対して鈍感を装うことができる

STORY8

太一は、コンサルティング会社に勤める入社3年目。いつもは先輩や上司に連れられて来るのだが、今日は一人でバーを訪れた。

マスター　こんばんは。今日はお一人ですか？　珍しいですね。
太一　今日は、ちょっといろいろありまして。
マスター　そうですか。どうぞごゆっくりなさってください。そういえば昨日、さゆりさんがいらっしゃって太一君のこと話してたんですよ。
太一　そうですか。さゆりさんとも会いたいですね。
マスター　彼女、ああ見えて、結構シャイですから。誘ってあげれば喜んでくれるんじゃないですか。
太一　そうですね、連絡してみます。ところで、マスターちょっと聞いてもらってもいいですか？
マスター　いいですよ。どうされました？
太一　今日、割と重要なプレゼンがあったんですよ。先方は社長以下役員がずらり、こちらは、よくここに一緒に来る秋本部長と森課長と僕の3人。プレゼンも終盤になったときに、先方の専務から質問があったんです。割と鋭い質問だったんですが、秋本部長はその質問は想定済みだったらしく、明快に回答したんです。

マスター　さすが秋本部長ですね。

太一　そこまでは良かったんですが、先方の社長がジッと黙って秋本部長を見ていたんです。何か不満があったのか、何か言いたいことがあるのか。沈黙の時間があったので、僕はいてもたってもいられなくて、「何か他にご質問ありますでしょうか」って言ったんです。そしたら先方の社長が、「ありがとうございました」って会議を終わらせちゃったんです。僕はいい感じだったなって思ったんですけど、帰りがけに秋本部長からも森課長からも、「お前は相変わらず空気の読めない奴だ」と叱られたんです。自分としては、何が悪かったのかわからないんです。周囲への気遣いに関しては、割とできるほうだという自負があったんで、正直、ちょっとショックでした。それが、一日中ひっかかってまして。マスターだったら、どうします？

マスター　その場の細かい状況がよくわからないので、何ともいえませんが、なかなか難しいですよね。とっさの判断ですから。沈黙の時間って

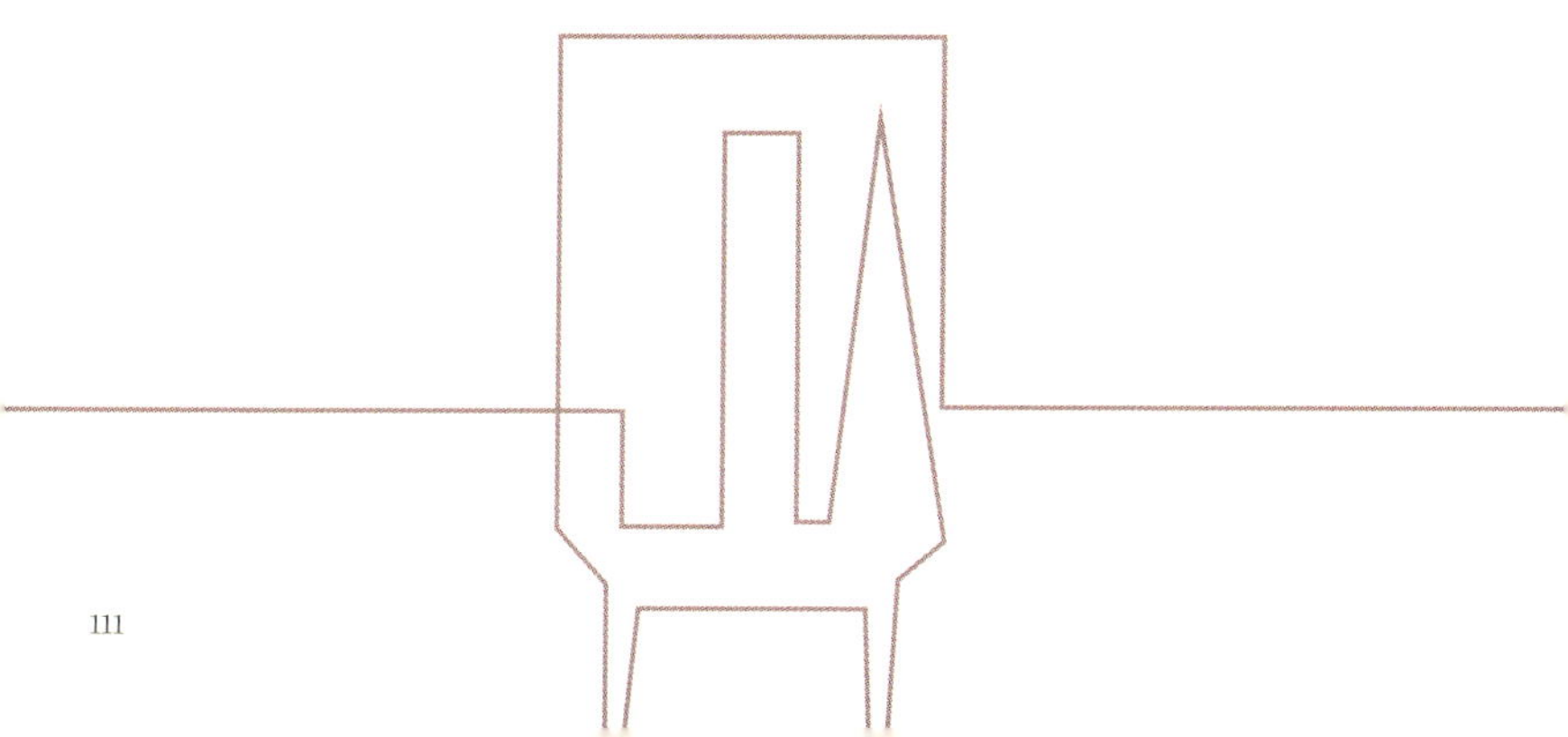

太一　結構長かったんですか？

僕には長く感じたんですけど、今思うとそんなでもなかったのかもしれません。秋本部長が質問の回答をして、10秒くらいだったのかもしれません。

マスター　であれば、私ならもうしばらく黙って、先方の社長の反応を見るかもしれませんね。

太一　え、なぜですか？　だってシンとしてるんですよ。沈黙って怖くないですか？

マスター　その場にいる、それぞれの立場の人の視点で考えてみたんです。まず、先方の役員の方々はどう思ったか。社長の沈黙の理由はどこにあるのか。なぜ、役員も含めて沈黙を守っているのか。きっと、その場の全員が社長の次の言葉を待っていたんではないかと思うんです。

太一　確かに今思い起こすと、みんなが社長の次の動きを待っていた気がします。

マスター　専務の質問に明快な回答をした秋本部長に対して社長の反応を見た

かったのかもしれませんね。確かに沈黙は怖いです。次にどういう反応が来るかドキドキですよね。私もお客様と話をしていて急に沈黙が入るとドキドキしていました。何かまずい事言ったんじゃないかなとか、気分を害されたらどうしようとか。けど、ほとんどの場合、沈黙の後に来る言葉は、「なるほど、そういう事か」とか「マスターその通りだよね」とかポジティブな反応が多いんです。もちろん、厳しい言葉をいただくこともありますが、それはまた真剣な会話の始まりになるんです。お客様と向かい合うこの位置での沈黙は確かに怖いですが、それをお客様にとって考えを整理したり、結論を導こうとする大切な時間と捉えるようにしてから、沈黙の後は相手の反応を待つことにしたんです。いわゆる鈍感力ってやつでしょうかね。

太一　鈍感力ですか？　僕は、これまで、「よく気がつくやつだ」とか「場の空気を読んでいつもみんなの潤滑剤になってくれてる」とかみんなにありがたがられていたと思うんです。どっちかと言うと場の空気には敏感に反応しているのが長所だと思っていたんですけど。

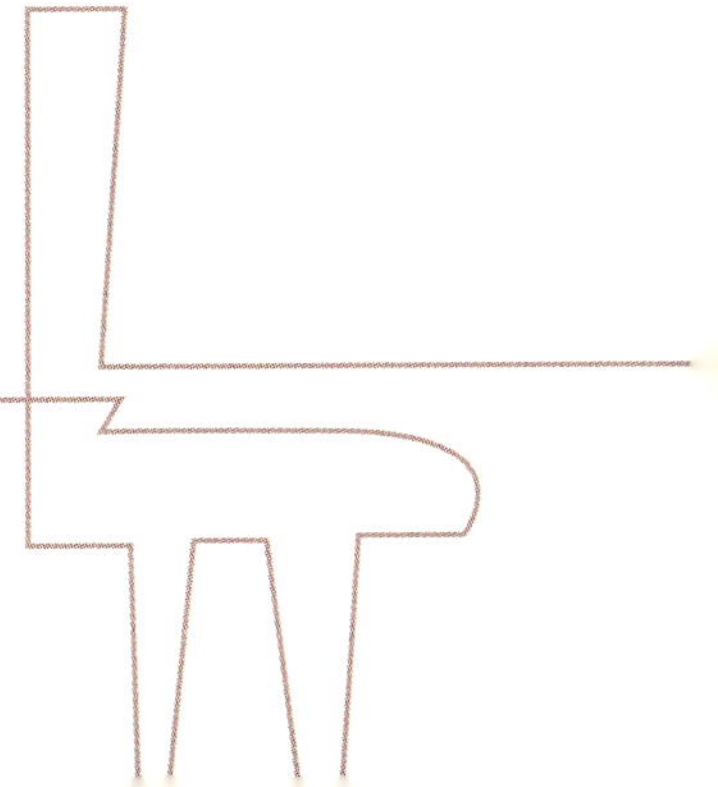

マスター　もしかしたら、社長は何らかの決断を下そうとしていたのかもしれませんね。その雰囲気を察して役員の人たちは沈黙を守った。それを経験で察知した秋本部長や森課長も社長の次の言葉を待っていたところで、太一君が沈黙を破ってしまったのかもしれませんね。ビジネスの世界ってそういうこともあると思うんです。沈黙の時間ってある意味重要で、相手の出方を待つ重要な時間であり、張りつめた空気の中でいろいろ思い巡らせているんじゃないでしょうか。

太一　でも、先方の役員はどうなんです？　何事もなかったかのようにお互いに沈黙したら、かえって関係が悪くなったりしないですか？

マスター　その心配はないと思いますよ。秋本部長も森課長もいるんですから、何かあれば対応してくれるんじゃないですか？　しかも相手は役員ですし、そういう間をとっさにとれるパートナー対して信頼を置いてもらえるのではないでしょうか。

太一　なるほど……。だから、秋本部長と森課長に「空気の読めないやつ」って言われたんですね。でも、マスターの言うような対応って、難易度高すぎます。どうしたら、とっさの判断でそれができるようになるんでしょう。

マスター　太一君的には、空気を読んだんだと思いますよ。おそらく、ピーンと張りつめた空気が流れていた。どうにかしなきゃって思った結果、沈黙を破ってしまった。罪もありません。ただ、空気に対し敏感になりすぎなんです、きっと。

太一　敏感になりすぎ……ってさっきの鈍感力ってことですか?

マスター　空気を読んだうえで、その空気に対して鈍感を装う。ちょっと上級者の技ですけど、それができるようになると、コミュニケーションのレベルが一段上がると思いますよ。

太一　空気を読んだうえで、その空気に対して鈍感を装う……。

マスター　たとえば、さっき太一君が「今日はちょっといろいろありまして」と切り出したじゃないですか。何かネガティブなことがあったんだろうな、と私は察した。つまり「空気を読んだ」わけですが、だからといって、すぐに「何があったんですか?」とは切り出しませんでしたよね。もし、そうやって切り出したら、重い空気だけが流れ、話もはずまなかったかもしれません。なので私は、そのとき読んだ空気に対してあえて「鈍感」を装い、さゆりさんの話題というライトな話題をふったんです。そうすることで、ふっと張りつめた空気が和らぎ、結果、会話や人間関係がスムーズにいくことも多いと思います。長年こういう仕事をやっていると、そういう技が体に染みついてきます。太一君も、きっとそのうち上級者になりますよ。

STORY 8

マスターの独り言

「空気を読む」という言葉はよく使いますね。「空気が読めない」とは、いわゆる会話の流れを考えずに自分の考えを発言することで周りの空気を白けさせてしまうことを言います。意識的にする場合はまだしも、無意識にやり続けていると、会話に入ることが難しくなったり、「自己主張が激しい」と敬遠されてしまったりします。間違ってはいけないのは、空気が読めない人＝悪ではないということです。なぜなら、すべての人が空気を読みながら生きているのではないからです。自分の意見を持ち、それを発言することはとても勇気のいることであり、エネルギーを必要とします。それを尊重することが小さなコミュニティの中では必要になります。しかし、同時に対案を聞くことも必要です。自分の意見を通すためには相手の意見を聞き、理解しなければなりません。私たちはディベートのような討論の訓練をあまりやってきていません。異なる意見を述べ合うことを忘れてしまうと、それは催眠商法や洗脳という類の世界に入ってきてしまいます。

さて、太一君はどうだったのでしょうか？

沈黙は誰しもが怖いのではないでしょうか。相手がどう出てくるかわからない時間ですから担当営業の太一君としては、顧客の社長との間に流れる沈黙という恐怖の時間を早々に切り上げてこの空気を一変したかったのでしょう。これが気遣いであると思っていたのですが、上司に空気が読めないと言われてショックを受けてしまいました。沈黙には幾つかパターンがあると思います。

たとえば、理解するために内容を反芻している時間にも沈黙は生まれます。

つまり、質問の趣旨と回答内容を比較し、理解しようとしている時間ですね。この場合、回答内容を別の角度で、理解できるように再度発言することが必要になることもありますが、秋本部長は明快な回答をしていますのでこの内容は当たらないかもしれませんね。しかし、社長の独自の視点で切り込んで来られることもあるかもしれません。

たとえば、理解をより深めいろいろなケースをシミュレーションしている時間という可能性もあります。この場合、自社にとってこの内容がどれほどメリットがあるのか、リスクはどうなのかを頭の中でシミュレーションし、何らかの判断をしようとしていることも想像できます。シミュレーションに情報が足りなければ、追加の質問が出るはずですし、なければ何らかの判断が出てくるでしょう。

どちらにしても、これらはオブジェクションハンドリングの一種と捉えられる事もできます。激しく意見してくる人に、激しく言い返しても、何の解決にもなりません。そういう場合は、「空気を変える」ことが必要になります。つまり激しい人の意見を整理・確認し、意識して話すことができれば、空気を変えることが可能です。沈黙は、待って相手の出方を見ることが必要になることが多くあります。特に重要なプレゼンの後に必要なのは、採用不採用の最終判断をもらうことです。幹部の重要な質問の後の沈黙であれば尚更です。気を使っているのではなく、空気に敏感になりすぎて、状況判断ができないのであれば、あえて鈍感を装うことも必要です。

太一君のような若手は、多いですよね。過度な緊張が、その場を回避したい行動に結びついて、饒舌になったり、沈黙したりしますが、馴れるしか解決策はありません。機会を設け、馴れる場を作ってあげることが必要です。

登場人物である太一君について分析してみましょう。

太一君は、昔から気遣いのできる人のようです。気遣いのできる人は、空気を読みすぎる傾向にあります。空気に敏感になりすぎて調整を心がけ過ぎると、自分の意見よりも、他人の意見を尊重し始めることもあります。するとストレスがかかり、時に爆発したり、メンタル的に弱くなったりすることもありますので注意が必要です。まずは左側に位置付けられますね。では左のなかではどこでしょう。会話にあるように沈黙を怖いと感じてしまうタイプですから下側で③象限に入ります。では、③での位置ですが、マスターに相談に乗ってもらったり、外に意見を求める傾向また、自分の意見を言う勇気も持っていますので右側。我慢できないくらいですから③－Dと言ってもいいかもしれません。このタイプは、ストレスがかかると、右側に移行したりします。

相手の社長や秋本部長は、沈黙を待ち、相手の出方を待つことができそうですので、右上であり、自分の意見を言うタイプなのでしょう。ビジネスの世界では、空気を読むことができることも大事ですが、何より空気を作ることができる、空気を変えることができるという技術も必要です。③象限の人は空気を読みすぎることがありますので、敏感になりすぎないようにすることも必要かもしれません。

さて、あなたはどこにいますか？

HRマトリックス⑧

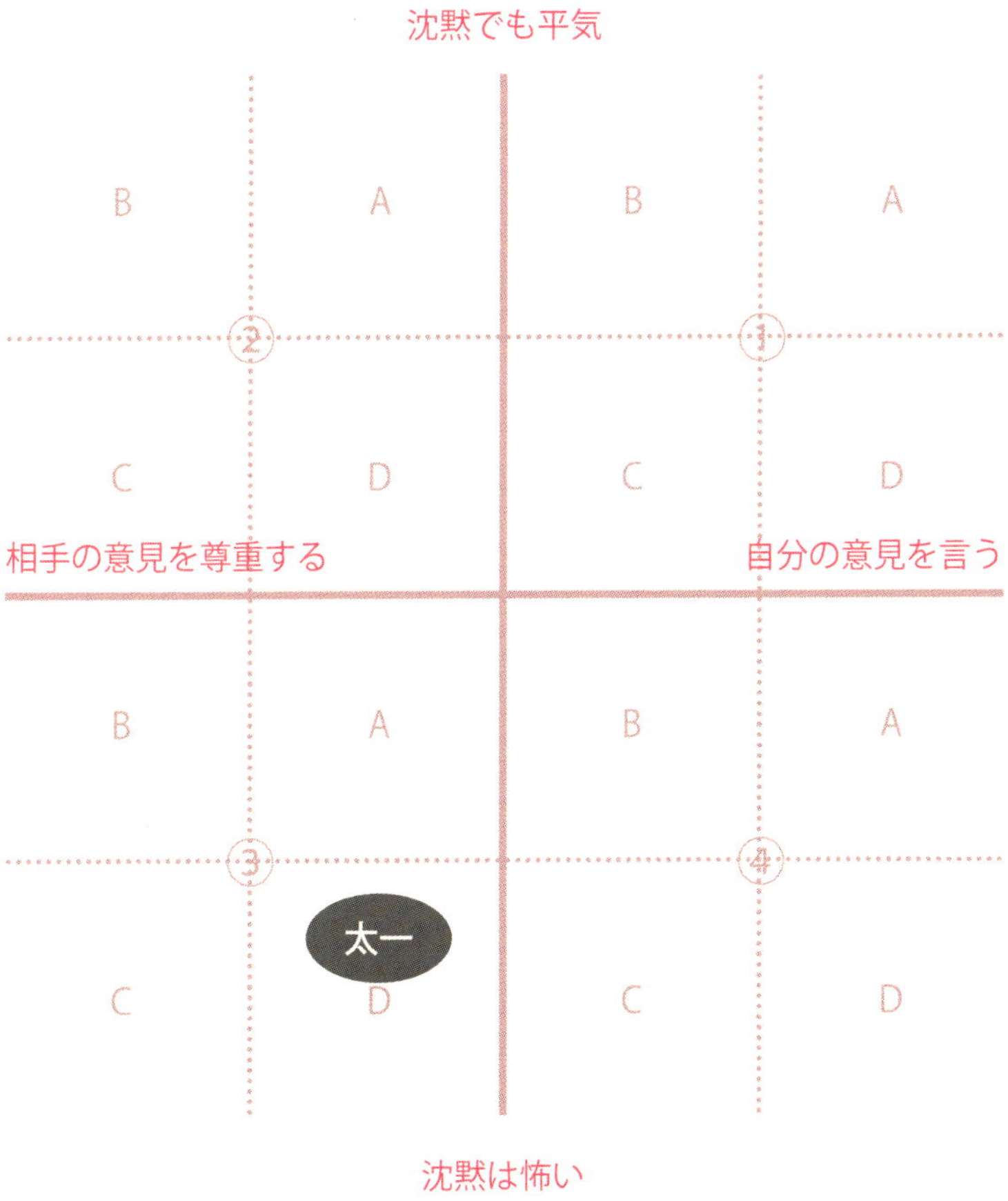

沈黙でも平気
B
A
B
A
2
1
C
D
C
D
相手の意見を尊重する
自分の意見を言う
B
A
B
A
3
4
太一
C
D
C
D
沈黙は怖い

Chapter 9

みんなに伝えたいことこそ、誰か一人に理解してもらうために考えると良い

STORY9

中野は、入社20年目。異動で会社の広報担当になり、ＩＲのリリースから広報誌の編集企画まで任されるようになった。

マスター　中野さん、今日は飲むピッチが速いですね。

中野　ほら、今期から部署が変わったって言ったじゃない。まいっちゃってさぁ。今までずっと営業畑でやってきて、広報の仕事なんてやったことないから、戸惑うことばっかりで。

マスター　きっと、期待されたからでしょう、中野さんが異動するということは。大企業の広報って、「経営の要」って言われるじゃないですか。バリバリの営業をずっとやられてきた中野さんだからこそ、まさに適任って感じがしますけど。

中野　そうかもしれないけど。これが、結構大変で、外から見てるのと中に入って実際やってみるのとでは大違いなんですよ。たとえば、広報誌の企画で、ゴルフのコーナーを今までずっと連載でやってたんだけど、「ゴルフをやらない人もいるのに、ゴルフのコーナーに毎週誌面を割くのはいかがなものか」なんていう意見があったので、なるほどそれはそうだなと思って、連載をやめたんだよね。そしたら今度は、「いつも楽しみにしていたのに、どうしてやめちゃったんですか。これがあるから毎号手にして読んでたんですけど」という声が何件も寄せられ、会議が大紛糾。営業のときは、こんなことで悩んだことなかったから、もう疲れちゃって……。

マスター　それで、そのゴルフのコーナーは復活するんですか？

中野　それがまだ、結論出ていなくてね。個人的には、毎号楽しみにしている人がいるなら続ければいいと思って、そうしようと提案したんだけど、別のスタッフが、「広報誌は、広くみんなに読んでもらうためのものなので、中野さんの一存で決めるわけにはいかない」なんて、全然ついていけないんだよね。営業の現場でそんなにモタモタしてたら、お客さん逃げちゃうんだけどね。

マスター　それは確かにストレス溜まりそうですね。営業のときは、ある程度中野さんの独断で仕事を進めてきたんでしょう？　それで、成果が出なければ自分の評価にはね返ってくる文化にずっといた中野さん的には、もやもやしたものがあるんでしょうね。

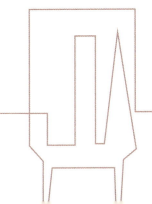

中野　ところでマスターは、このバーを開くときに、どういう店にするか悩んだりしなかったの？　バーもある意味広報誌と同じで、広くいろいろな人たちに来て楽しんでもらいたい場所じゃない。でも、ある人たちが好むバーにしようとすると、ある人たちにとっては好ましくないバーになるかもしれないし。どうやって決めたの？

マスター　中野さんのおっしゃるとおりで、そこは悩ましいところですよ。バーを開いてもう15年になりますが、今では後悔はしてません。毎日いろんなお客さんがいらっしゃって、来店いただいたお客さん全員を満足させ、全員にリピートしていただくような店なんて、正直無理ですからね。昔は、そうすべきじゃないかなんて悩んだんですが、あるとき、それは無理だということに気付いたんです。無理といいますか、みんなが満足する店を目指すこと自体、ナンセンスなのではないか、って。それで、今のスタイルに落ち着いたんです。

中野　それで。

マスター　精神的にもよくなりました。余計な力が入らなくなりましたし、店も結果として、いろいろなお客様にいらしていただけるようになり

STORY9

ました。みんなを満足させようとしゃかりきになっていたときのほうが、むしろ客層の幅は狭かった気がしますね。

中野　へぇ〜。不思議。なんでだろう？

マスター　あそこに絵が掛かってますでしょ。わかります？

中野　あぁ、あれね。いつも気になってたんだけど、あの絵がどうしたの？

マスター　あの絵は、ロバート・ハインデルという作家の「ダンサー　イン　ブラック　オン　ブラック」という作品なんですけど、あれがうちの店のコンセプトなんです。

中野　なんか真っ黒の中にダンサーが立っているようにしか見えないけど、確かに迫力を感じるよね。

マスター　さすが、中野さん。そう、あの絵は、静と動が入り混じっているんです。バレリーナが静止している状態から動き出す瞬間を捉えているんですよ。私は独立するときにこの店のコンセプトは、お店にいらしてくれるみなさんがこの場所で英気を養っていただいて、また動き出すためのエネルギー・チャージとか負のイメージをリセットできる場にしたいということに決めたんです。このバーは、あの絵

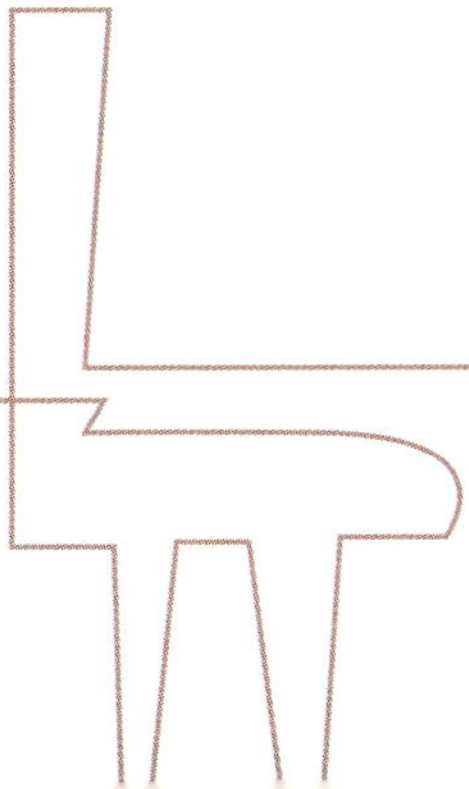

を中心に存在しているといっても過言ではありません。だってあの絵は、私自身の思いがブレないように飾っているんです。それで、ふと思ったんです。ハインデルは、自分の表現したいもの、人の眼にはあまり注目されない、静から動に移る瞬間の美しさにエネルギーを感じていたに違いないって。それって、万人に理解されるものではないですよね。けど、コンセプトはしっかりしているし、ブレないものなんじゃないかと。

中野　ブレないことねぇ。でも、それはアーティストだとか、マスターみたいに自分が経営している店だから許されることであって広報誌なんかじゃそれは許されないんじゃないのかなぁ。

マスター　そうかもしれませんが、広報誌って何を広報するんでしょうね。企業の考え方やコンセプトを読者に伝えるものではないんでしょうか。

中野　確かに言われてみたらそうだね。広報誌を万人受けするものにすることが目的ではなくて原点に戻れということなのかもしれないね。

マスター　なんとなくそういう気がしますね。これまでの営業経験で中野さん

STORY9

がいろいろな企業でプレゼンしてきた、会社のコンセプトや考え方を広報という立場で表現してほしいというのが、異動の理由なのかもしれませんね。

中野　自分の言葉でか。そういえば、この間、部下の結婚式に出たら、最後の新郎の父の挨拶のとき、準備していた挨拶の原稿をどこかに置き忘れてきたみたいで、お父さんが原稿なしで、息子に説教し始めたんですよ。「あのとき、こんな出来事があって、俺はお前のせいでこんなことを思ってたんだ、わかるか……」みたいな（笑）。それが、感動的でね。みんな笑って泣いて、あんなに素晴らしい挨拶はなかったと全員から大喝采だったんだよ。まさにそういうことなのかもしれないね。

マスター　きっと、そのお父さんが準備していた原稿は、「本日はお忙しいなか遠路よりお集まりいただき……」みたいな、来場者すべての人を配慮した挨拶だったんでしょうね。

中野　確かにそういう挨拶は、人の心を掴まないよね。あの絵と同じように、心からの強烈なメッセージだったからこそ、逆に全員の心をつかまえたんだな。確かにそれだったら、営業の経験を十分に発揮できる気がするよ。

STORY9

マスターの独り言

多くの人に、メッセージを伝えることはとても難しいことです。

普段の生活の中で、自分の考えや思いを多くの人に伝える機会は、非常に稀です。

中野さんは、これまで営業担当として、個々の顧客を担当する立場から、広報という多くの人にメッセージを伝える仕事に変わりました。全く経験のない仕事で戸惑っている様子がうかがえます。

そもそも、伝えるとはどういうことでしょうか？

あなたの両親やパートナー、お子さんなどに、会社のことを伝えるとしたらどうしますか？

会社案内やパンフレットを使って、製品や、サービスなどを説明してもなかなか理解してもらうことは困難です。なぜなら、それらの方々は、あなたと一緒に仕事をしているわけではないからです。もしかしたら、製品やサービスを利用しているかもしれませんが、その経営理念や方針まで理解していることは稀でしょう。

営業に必要なのは、製品やサービスの知識だけではありません。

顧客が、あなたやあなたの所属する企業を選択したのはなぜかということが重要なんです。

中野さんがこれまで経験してきた営業という仕事では、個々の企業に対し、顧客の目から見て自社がどのような製品やサービスを持っているのか、どんな企業であるのか、自分はどのような意識を持っているのかを理解してもらい、顧客にとってのメリットを認識してもらうことが必要になります。

営業と広報の違いはなんでしょうか？

営業が個々の顧客にメッセージを届けるのに対し、広報は広い市場に対してメッセージを発信する必要があります。

では、届けたいメッセージとはどういうものなのでしょう？

それは、顧客から見て自社がどのような企業であるのか、何を大切にしている企業なのかを伝え、自社を選択することが、顧客にとって最善の解であるということを理解してもらうためです。

つまり、理解して欲しい対象は、営業も広報も個人なんです。

広報誌を読んでくれているのはどのような人でしょうか。

自社のことを知っている人がほとんどでしょうが、そうでない人も多くいるでしょう。

そしてそれらの人々の視点から見て、自社がどんな企業で、何を大切にしているのか、どのような方針で企業経営されているのかを感じとってもらうことが重要なんです。その編集は、多くの人にただ気に入ってもらえるようなものではなく、企業が持っている共通の価値がメッセージに現れていることが大切なんですね。

結婚式の挨拶で新郎の父が伝えたメッセージも、誰にも経験のある普段の生活の中から出てきたメッセージであり、出席者に共感を与えたのに他なりません。

実在の中野さんは、マーケティングのプロとして、多くの施策を実施し会社に貢献しました。中でも広報誌は、「読者視点で編集された、バランスの良いＰＲ誌」として外部の協会で高い評価を得、表彰もされています。

登場人物の中野さんを分析してみましょう。

あなたも職場で異動になったとき、多くのストレスを感じると思います。しかし、そのストレスをいかに早いタイミングで昇華させ、新しい職場に慣れることができるかは、個々人によって異なります。中野さんは、すでに長い期間ストレスを感じているようですから分析を慎重に進めましょう。まずは今の状態です。異動して時間が経っているもののなかなか自分のポジションを確立できないでいます。まずは相手の意見を尊重している状態ですから左側ですね。また、課題を解決するというよりは、どうにか調整してみようと心がけているように感じます。つまり③象限に入ります。そのなかでも所々に自分の意見がでてきており、どうにか解決しようとしている感じがします。ということは③－Ａですね。

しかし、これはストレスがかかっている状態です。営業時代の中野さんはどうだったのでしょうか？自分の意見を持ち、アイデアで課題を解決してきたように感じます。それ以外の情報も加え判断すると、もともとのポジションは①－Ｄのようです。ストレスが掛かることで、自分のポジションが変わってきていることに加え、人材育成の一環で「人の意見を聞く」トレーニングをする企業もありますのでなかなか判断は難しいのですが、ストレスをかけるとポジションは変化していきます。

さて、あなたはどこにいますか？

HRマトリックス⑨

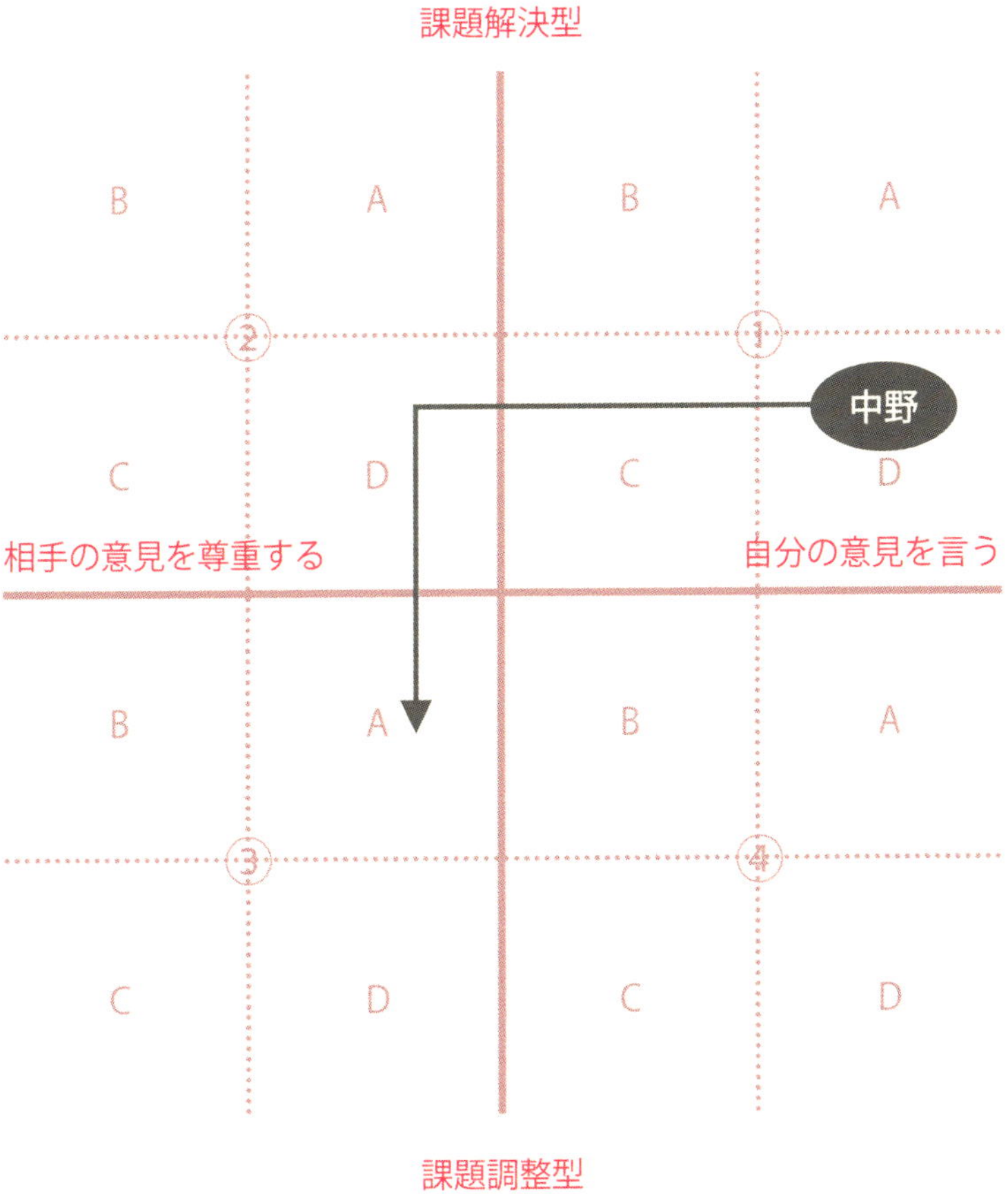
課題解決型
B
A
B
A
②
①
中野
C
D
C
D
相手の意見を尊重する
自分の意見を言う
B
A
B
A
③
④
C
D
C
D
課題調整型

Chapter 10

上司とは、『先入観に縛られた、創造力の乏しい、保守的な存在である』と考える

STORY 10

中堅企業に新卒で入社して6年目になる梨央は、仕事への意欲も高く、好奇心、創造力も豊かな女性社員だが、最近仕事へのモチベーションを失いかけている。

梨央　ねぇマスター、マスターみたいな仕事って上司がいないじゃないですか。そういう仕事って自由でいいなとか思うんですけど、マスターにも上司みたいな人っているんですか？

マスター　上司はいないですけど、この業界でやっていくためのいろんなノウハウを教えてくれた師匠はいましたよ。どうしたんですか？　上司とぶつかっちゃいました？

梨央　なんか、私って中途半端な人間じゃないかって最近思うんですよね。

マスター　梨央さん、何かありました？

梨央　実は、仕事で何をやってもうまくいかないんです。

マスター　そうなんですか。誰にでもそういう時期ってあるものなのかもしれませんね。正直、私には、梨央さんが仕事でうまくいかない人には見えないんですけどね。仕事内容まではわかりませんけど、明るくて、頭の回転が速い梨央さんからそんな言葉が出るなんて、何か意外です。私が上司だったら、嬉しいですけどね（笑）。

梨央　じゃあ、転職しちゃおうかな（笑）。

マスター　いつでも歓迎ですよ！　でも、今の会社に入ったきっかけって何だったんですか？

梨央　うーん、私が今の会社に入ったのは、「どんな仕事にもイノベーション・スピリッツを持って臨め」という社長の考え方があったからなんです。就活のとき、インターンで勤めてみたんですけど、先輩も生き生き仕事してる風に見えたし、大手じゃないんだからいろんな経験や、新しいことにチャレンジできそうだなって思ったからなんです。結果、今の会社以外にも大手企業から内定をもらったんですけど、結局今の会社に決めたんですよね。

マスター　でも、入ってみたらそうでもなかった？

梨央　そういうわけでもないんです。確かに、チャレンジ精神を大事にしてくれる会社ではあるんですが、だからといって、新しい提案をバンバン会社に上げたらそれをやらせてくれる会社かというと、そう

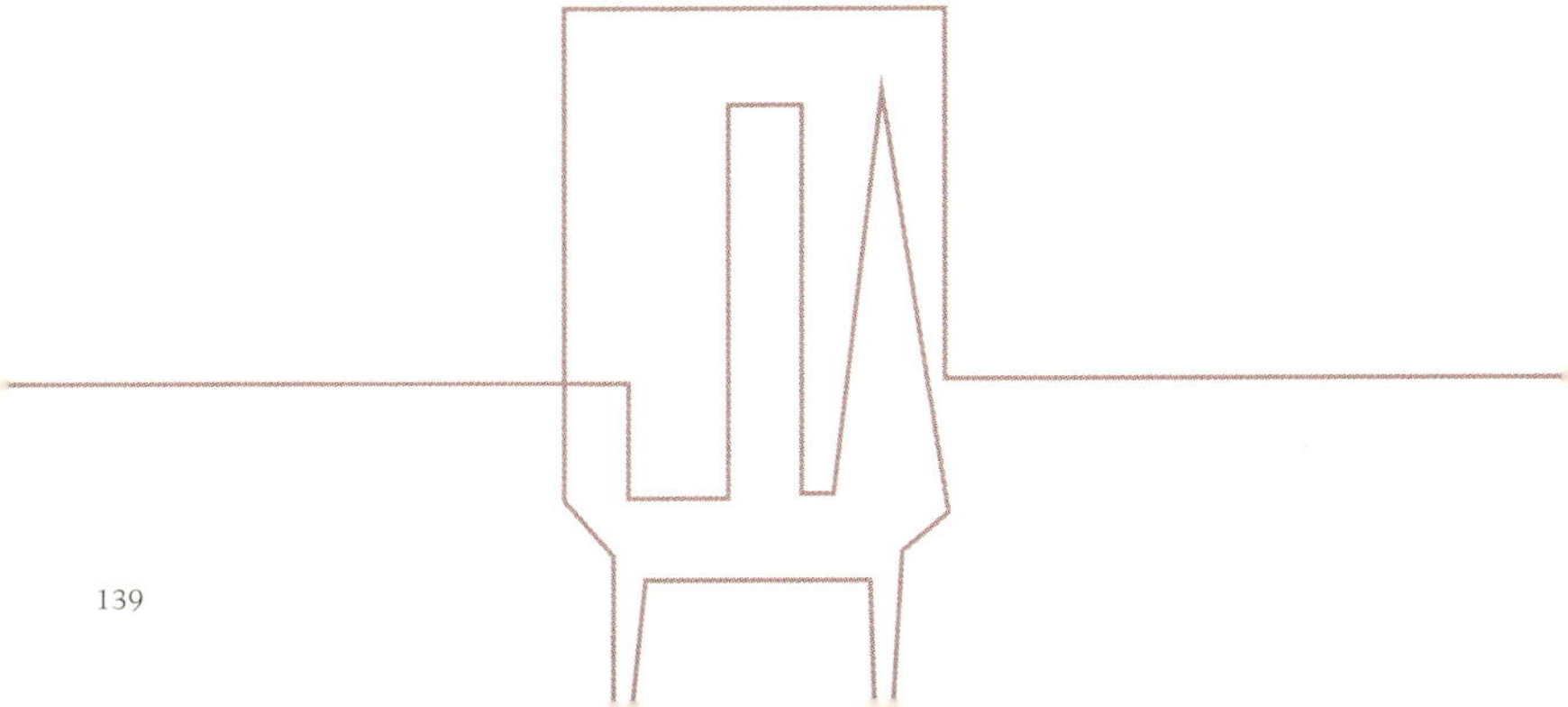

いうことでもないんですよ。やっぱり、現実は厳しいってことですね。理想論や綺麗ごとだけでは済まされない。当たり前なんでしょうけどね。

マスター　現実は、難しいってことですかね。一人でやっていたってそうですから。私もバーテンって自由で、いろいろな人に出逢えて、楽しそうな仕事に違いない！　ましてや自分の店を持てましたからこれこそ「自分の城」と思ってましたけど、実際は、そんな華やかで楽しい仕事というよりむしろ、地味なのかもしれません。まったくの想定外（笑）。これはとんでもない世界に入ってしまったなぁ！　と。

梨央　何が一番辛かったですか？　修業とかですか？

マスター　それもまぁそうですけど、やっぱり一番は、接客ですね。当然ですけど、いろいろなお客様がいらっしゃいます。しかも、お酒を飲まれている。誤解をおそれず申し上げれば、梨央さんみたいな品のいいお客さんばかりじゃないってことです。正直、最初の数年はきつかったですね。「まずいな。こんなの飲めるか！」って言い捨てて帰られたお客さんもいましたし、喧嘩になりそうなお客さんもいました。

梨央　そうですよね。世の中に、楽な仕事なんてないですよね。でも、マスターは、その時期をどうやって乗り切ったんですか？

マスター　私がまだ店を出す前に勤めていたバーで、私の師匠、まぁ会社で言えば直属の上司ですよね、彼に相談したら、こう言われたんです。「お客様は神様だと思え」って。

梨央　どういうこと？

マスター　「神様をコントロールできないように、お客様は、自分ではコントロールできないものだと思いなさい」ってことですね。神様は、時に非常に残酷であり、時に大きな恵みも与えてくれる、とても気まぐれな存在だけれども、でもやはり、人間は、神様のおかげでこの世に命を授からせていただいている。だから、神様にはいつなんどきでも感謝すべきだってことです。

梨央　深イイ話ですね。「お客様は神様」ってよく聞くけど、ただ単に「お客はお金を落としてくれる存在」ぐらいの意味だと思っていました。で、マスターはそれを守れてるんですか？

マスター　いいえ（笑）。

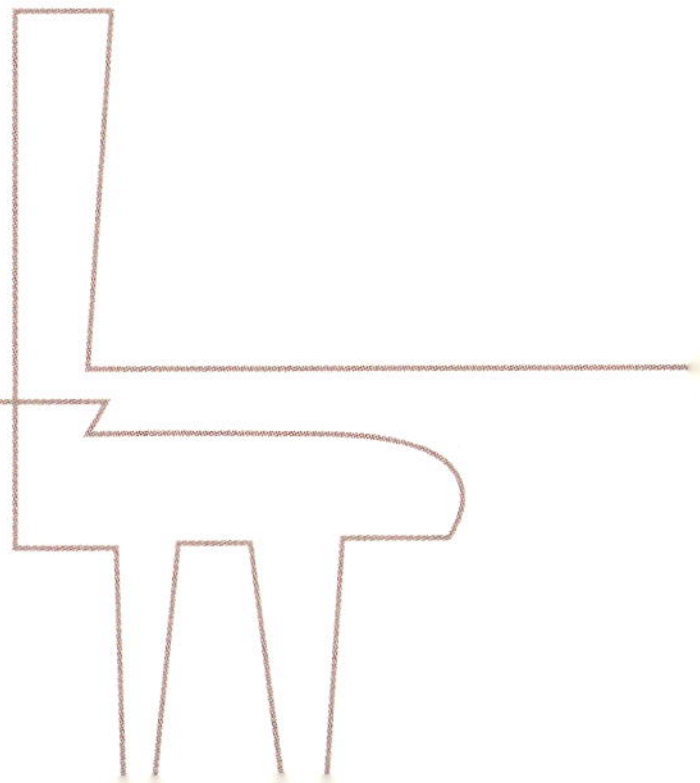

梨央　じゃあ、だめじゃん！（笑）。

マスター　そうなんですけど、荒れてるお客様には、あえて退店をお願いします。これは、お客様を軽視していることではなく、この空間、このお店でエネルギーを充電している他のお客様への配慮ですかね。

梨央　確かに、そういう空間をつくってくれてるのは、上司だったりするんでしょうね。そういう面では感謝しなきゃいけないのかな？　でも、マスターは、師匠に恵まれたんですよ。私の上司なんか、相談しても、いつもネガティブなことしか返ってこないんです。私が、こういうことにチャレンジしてみたいと思って提案しに行くと、「それはいつ成果が出るのか」「数字は見えているのか」「その前に、やるべき仕事があるのではないか」って、たいていそういう回答が返ってきちゃうんです。上司が言っていることは、多分正しいんです。成果が不確実なもの、数字が見えないものに軽はずみにチャレンジしようとする私が未熟なだけなんだと思います。詰めが甘いって、いつも上司から言われちゃう。だから、さっきも言ったように、私は何をやっても中途半端な人間なんだろうなって思っちゃうんです

STORY 10

よね。

マスター　梨央さんの会社のお偉いさんって、みなさんそんな感じなんですか？

梨央　いいえ、人によりますよ。この間、上司のさらに上司の本部長に、私が考えていることをたまたま話したら、「それ、すごくいい！　どんどんやってみたら！」って言われたんです。でも、最初のハードルである直属の上司に持って行ったら、さっきみたいなことを言われちゃったんで、すっかりモチベーション下がって……。とりあえず「指示されたことだけやって過ごそう」と思うようになっちゃったんです。会社はイノベーション・スピリッツとか言ってるけど、現実は全然ちがうじゃん！　って。仕事たまってるけど、明日も有休とっちゃおうかな（笑）。

マスター　「お客様は神様と思え」と同じように、「そもそも上司とは、先入観に縛られた、創造力の乏しい、保守的な生き物だと思え」っていうのはどうです？

梨央　そういうものですか？

マスター　むろん、人にもよりますけど、おおかたそういう傾向があると思います。同じ仕事でのキャリアの長い方、成果を出してこられた方って、その仕事を長くやっているぶん、どうしても先入観に縛られがちなんですよ。いろいろなリスクも知っているので、新しいことにチャレンジすることに慎重になってしまうのは、ある程度仕方のないことではないでしょうかね。チャレンジしたいけど、今の仕事が中途半端になってしまっては、梨央さんも嫌ですよね。そんな上司だからこそ、しっかり計画を立ててぶつかることができれば、プロジェクト案としても完成度が上がると思いますよ。だから、上司とはそういう生き物なのだと思って対峙するのが、精神衛生上もいいし、自分を高めることもできるんじゃないかと思いますね。梨央さんは、上司のコメントにナーバスにならず、変わらずどんどんチャレンジしてみたらどうです？

梨央　なるほどね（笑）、そんなもんだと思ったら、気持ちが楽になったかも（笑）。けど、やっぱり明日は有休とってリフレッシュしちゃいます！　マスター、お代わり！

STORY 10

マスターの独り言

あなたは、上司に過度の期待をしていませんか？

私は上司に恵まれない。あの子は上司に恵まれていて、羨ましい。そんな気持ちを抱いて仕事をしている社員は、どの会社にでもたくさんいるのではないでしょうか。

梨央さんのように、仕事に意欲的で、チャレンジ精神も旺盛な社員も多くいますよね。しかし、入社して時間が経ってくると、保守的な考えに変わっていく傾向が強いものです。それってなぜなんでしょうか？　上司に提案すると詰めが甘いと指摘され、それを繰り返していると仕事へのモチベーション、会社へのロイヤリティが下がっていってしまう。こんなケースも耳にしますよね。この場合、問題は梨央さん側にあるのでしょうか？　上司側にあるのでしょうか？　私の答えは、後者です。上司の問題である可能性が高いと思います。

上司の力量によって、部下の成長やモチベーションは、大きく左右されます。梨央さんの上司は、おそらく間違っていることは何も言っていません。今やるべきことは何か、利益につながる進め方とは何かを教えるのは、上司の役目の一つではありますが、それだけが仕事ではありません。むしろ、それ以上に大事なのは、部下のモチベーション・マネージメントです。だからといって、部下に迎合することが上司の仕事でもありません。今、やるべき仕事は何かを指導をする必要はあります。しかし、アイデアや提案は聞くべきですし、足りないことがあるのなら、指摘するだけでなく、具体的に指導することも必要です。おそらく、梨央さんは、高いポテンシャルを持った、優秀な社員に違いありません。そのような社員のモチベーションを低下させてしまうことは、会社の将来にとって大きな「戦力ダウン」になってしまいます。単に指摘するだけに終始した結果、「会社にとっての戦力ダウン」をもたらしてしまったとすれば、彼は、マネージャーとして不適格と言えます。

現時点で期待されている成果を上げるために指導、指摘しつつ、部下の好奇心やチャレンジ精神の芽をつむことなく、伸ばしてくれるような上司。それが、上司の理想です。しかし、現実はそうはうまくいきません。そんな上司はみなさんの周りに何人いるでしょう? そんなスーパーマンみたいな上司、なかなかいませんよね。そもそも、部下の新しいことへの好奇心やチャレンジ精神を応援する人は、その人自身が、好奇心やチャレンジ精神を持っている人ですから、そういう上司のほうが少数なのかもしれません。

だからといって、そこで、「私は上司に恵まれない」と嘆いても仕方ありません。一般的に、部下は上司を選べないわけですから、モチベーションやロイヤリティが下がるだけで、自分にとっても会社にとっても何もよいことはありません。むしろ、その環境を利用して自分を高めることを意識したほうが得策です。「上司はスーパーマンではない。むしろ、上司とは、先入観に縛られた、創造力の乏しい、保守的な存在である」と考えてみてはいかがでしょうか？

私が今、こう述べたのは、成果を出しながらも、チャレンジ精神旺盛な若手ビジネスパーソンへのエールであると同時に、上司になる方たちへの警鐘でもあります。上司になる方は、自分の新人の頃を思い出し、部下にそんな風に思われない上司になって欲しいと願っています。

実在の梨央さんは、残念ながら転職をされましたが、新しい職場でモチベーション高く活躍されています。梨央さんを失った企業では、梨央さんのような貴重な人材をこれ以上流出させないように、マネジメントを対象にした研修やプログラムを検討し、導入されているようです。

登場人物の梨央さんを分析してみましょう。

まずはいろいろなアイデアを出しているところから、革新的な性格のようですね。これを分析するのは非常に難しいのですが、今の自分の仕事から単純に逃げるためではなく、その先を見据えての発言かどうかを理解することが必要です。梨央さんは、入社前から積極的に新しいことができる企業ということでこの会社を選択しています。ということで、梨央さんはまず革新的なことを好むようですね。つまり右側です。次に感情表現が豊かかどうかですが、革新的な性格でもそれを表現することでまわりを巻き込んでいくタイプか、感情を抑えることで自分の意思で決断をするタイプかということで見てみると、アイデアを詰めるというよりは、いろいろな発想をして周りに話してみるタイプのようですね。詰めが甘いと言われるのもプロセスや周りとの関係などを俯瞰して見ることができていないためのようです。よって④象限に入りそうです。まだ入社して６年目にも関わらず、多くの発想ができるという面と感情表現のバランスから、④－Ａか④－Ｂまで絞り込めます。あとはどちらかと言うと革新志向が勝りそうですので④－Ａであると分析します。このタイプはいわゆる褒められて伸びるタイプですし、自分を開放できないストレスから思い悩み転職する傾向も併せ持つタイプです。周りがそれを理解し、褒めながら新たな課題を与えることで、自分自身で成長を始めることが多い特徴があります。

さて、あなたはどこにいますか？

HR マトリックス⑩

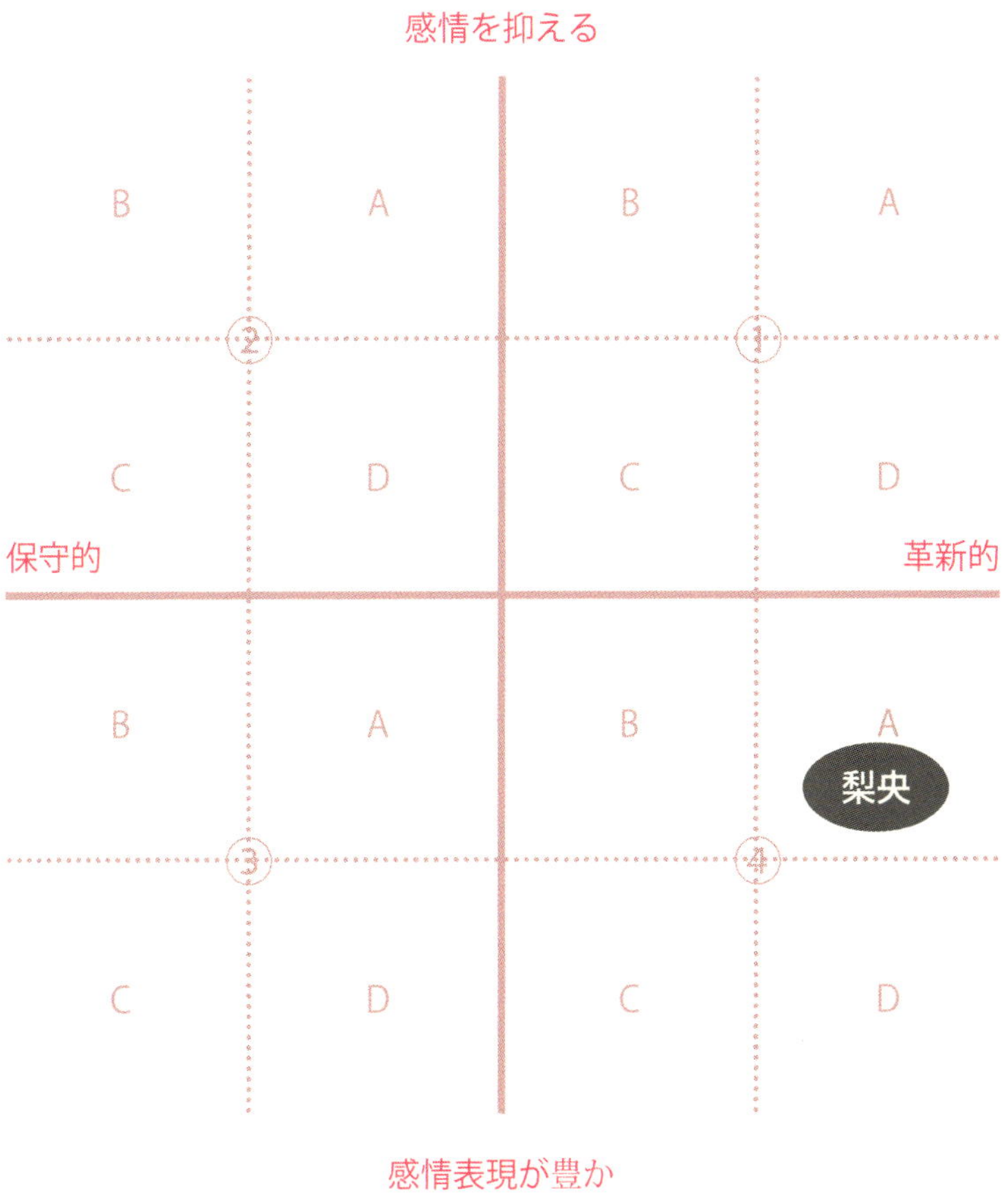

Chapter 11

上司は、あなたの予想以上に
あなたを観ていない。
部下は、あなたの予想以上に
あなたを観ている

STORY 11

さくらと奈津子は、アパレルに勤務する同じ課の先輩と後輩。さくらは入社８年目28歳、奈津子は中途入社２年目26歳。今日は、会社を辞める堀課長（女性）の送別会の帰り。

奈津子　それにしても堀課長、どこに行くんですかねぇ？　しばらくゆっくりリフレッシュするとか言ってましたけど、なんか嘘っぽくて（笑）。海外旅行をする感じじゃないし、田舎に引っこむキャラでもないし、どっか決まってんじゃないかって噂してたんですけど、なかなか情報が漏れてこないし……。さくらさん付き合い長いんだから、何か知ってるんじゃないですか？

さくら　なに？　なっちゃんそれが聞きたくて私を連れだしたわけ？（笑）。

奈津子　だって堀さんって、若くして管理職になった、私達女性にとって憧れみたいな存在だったじゃないですか。その堀さんが、急に仕事を辞めるなんて考えられないんですよ。どっか大手から引き抜きがあったんじゃないかって。そうなると結構うちの会社もヤバくないですか？

さくら　なっちゃんたちが今までどおりちゃんと仕事してれば、ヤバいことなんてないよ（笑）。堀課長もう辞めちゃったから言ってもいいと思うんだけど、同じ業界の別の会社に転職が決まってるんですって。

奈津子　やっぱり！　引き抜きですか？　大手？　どこですか？

さくら　まぁまぁ、あせらないで（笑）。同じアパレル業界のうちよりも規模の小さい会社に行くということは聞いてるけど、詳細は教えてもらってないの。けど、責任者で行くとか聞いてるから部長かなんかで行くんじゃないかな？

奈津子　すごいじゃないですか！　けど、堀課長ってうちの会社でも次期部長って話、出てましたよね。けど、1年後輩の細山さんが部長になることになったって聞いてますけど、それって影響してるんですか？

さくら　さすが早耳ね（笑）。なっちゃんは、この会社まだ浅いからわからないと思うけど、堀課長もいろいろあってね。

奈津子　どんなことがあったんですか？

さくら　ざっくり言うと、「部長になりたかったけどなれなかった」という

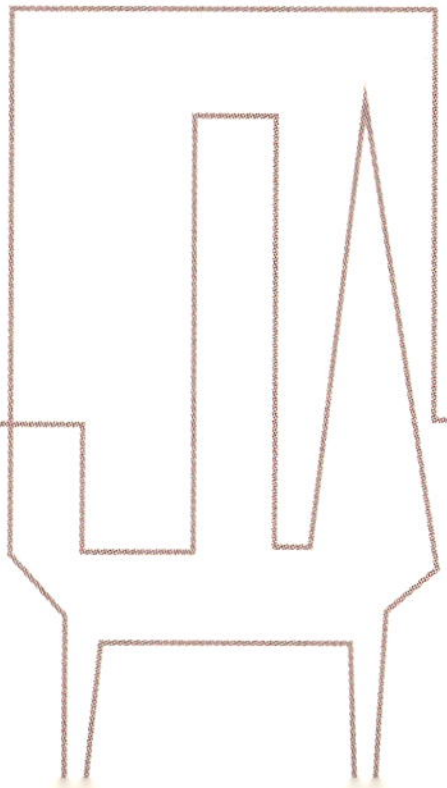

のが大きな引き金だったんじゃないかってことよ。堀課長としては、全力でパフォーマンスしたつもりだったんだけど、会社には評価されなかった。結局、1年後輩の細山さんが先を越して部長に内定したわけなんだよね。で、堀課長としては、相当に悔しかったというか、なぜ？　という納得できない気持ちがあったんじゃないかな。

奈津子　それでいまより規模の小さな会社に転職するってことですか？

さくら　会社の規模はさておき、単純にうちの会社というか自分を評価しなかった経営陣に対するパフォーマンスなのかもね。堀課長、ああ見えてかなりの負けず嫌いだから、頑張ったのに認めてくれなかった会社に対して見返してやるっていう気持ちがあると思うの。それで、あえて同業者への転職って選択をしたんじゃないかな。なんだかんだいったって、堀課長にはお客さんついているから、うちの会社的にはそれなりに影響あるんじゃない？

奈津子　へぇ……。さくらさん、堀課長のことよく観てるんですね。

さくら　まぁまぁ長い付き合いだから。堀さんが課長になる前も、同じ部署で仕事してたことあるし、そもそも、部下って、上司が思っている以上に上司のことよく観てるものでしょ。

奈津子　確かに。でも、ということは、私たちも後輩にはよく観察されているってことですね。

さくら　そうだと思うよ。

奈津子　堀課長は、以前はどんな社員だったんですか。

さくら　スーパーウーマン。仕事バリバリできて、気配りも素敵。社内外から、上からも下からも、人望が厚かった。でも、課長になってから変わった気がするのよね。

奈津子　どう変わったんですか？

さくら　なんか、上ばかり見るようになった気がする。

奈津子　管理職になると、やっぱそうなんですかね。南部長も高橋部長もみんなそうですよね。

さくら　なっちゃんすごい観察してる（笑）。そういうところもあるんじゃないかな。結局、それが堀課長にとってはマイナスだったんじゃないかな。現場の時はあんなにスーパースターだった堀先輩が、急に残念な感じになって、あれっ？　と思ってしまった部下や後輩って、私だけじゃなかったと思う。それまでは、「堀さんについてきます！」的な子たちもたくさんいたんだけど、課長になってからかなり変わったと思う。なっちゃんは堀さんが課長になったあとの入社だからあまりわからないかもしれないけどね。

奈津子 上の人たちからの評判はどうだったんですか？

さくら そのあたりのことは私にはよくわからないけど。でも、たとえば、イベントにうちの役員が来るとなると、「役員にどこに座ってもらうか」とか、「お弁当は何がいいか」とか、そういうことばっかりに気を使っていて、現場のスタッフとか、お客さんとかは二の次になった感もあるのよね。昔も同じように役員なんかのことも担当してたけど、どっちかというとお客さんとか現場が優先で、「社内の人なんだから、とりあえず準備しとけばいいんじゃない」なんて大胆発言してたしね。現場のことやお客さんのことにもっと気配りをしていたからこそみんなから堀さん堀さんって慕われていて、その時代を知っている私からすれば、あの輝いていた堀先輩はどこへ行ってしまったの？　って感じだった。

STORY 11

奈津子　もっと上に行きたかったんでしょうね。そのためには、現場からの信頼よりも、社内上層部からの信頼を得る方が重要だって思ったんじゃないですか。なんかそれもわかる気がするなぁ……。私が堀課長の立場だったら、同じようになっちゃうかもしれません。でも、だったら、堀課長はどうしたらよかったんですかねぇ？

さくら　そこは私にもわからないなぁ。わかってたら出世してるし（笑）。マスター、わかる？

マスター　ん？　どういうお話でしたっけ？

さくら　もぉ、他にお客さんもいないし、ずっと聞いてたでしょ？（笑）。

マスター　ですね（笑）。私は、バーのオーナーですでに社長ですから、どうすれば出世できるかなんて、興味もありません（笑）。冗談はさておき、お話を伺っていて思ったのは、先ほどさくらさんが「部下は、上司が思っている以上に上司のことよく観てる」っておっしゃってましたでしょう？　その逆のこともいえるんじゃないでしょうか。「上司は、部下が思っている以上に部下のことを観ていない」とかね。堀課長は、役員のために、席の確保や好きなお弁当の手配等、持ち前の気配りを発揮して一所懸命やられてたのだと思います。でも、当の役員は、それを「一所懸命やってくれた」とは受け止めていなかったんじゃないでしょうか。そもそも役員ですから、大事に扱われることには慣れているので、特別なことをしてもらった感覚はなかったかもしれません。

さくら　じゃあ、堀課長は、何をすればよかったんですか？

マスター　当店にも会社の経営者や役員の方たちがお越しになりますが、残念ながら幹部のみなさんはみなさんで、たいてい、上からの評価、社長や取締役からの評価を気にしているものです。そうではなくて企業にとって重要なことは何なのか、顧客や部下から信頼され、それぞれが適度な緊張感を持ちながら仕事をするには自分は何をすべきか、と考えてみるとよかったのではないでしょうか。上を見て仕事をしても、成果は出ません。企業からすると、いかに社員がパフォーマンスを発揮できる環境ができているのか、それによって顧客は満足しているのかが重要ですよね。そこに立ち戻ることができれば少なくとも、イベントの現場で、役員のお弁当の中身を気にすること

STORY 11

が仕事ではないことには気付いたはずです。

奈津子　会社って、深くて、難しいですね。

マスター　会社に限った話ではないと思いますよ。たとえば、このお店だって、私からすると、いらしていただいたお客様はみな当店を選んでくださった大切なお客様ですから一期一会の心で接するように心がけています。逆にお客様の視点からすると、何軒もバーがある中で特に選んだわけでもなくたまたまここに立ち寄っただけ、つまり何か基準があって選んだわけでもなくどこのバーでも良かったかもしれない。そこに、意識の「温度差」があるわけです。その差異をわかったうえで、決して手を抜かず、それでいて余計な力を入れすぎない。評価って、お店が決めるんじゃなくて、お客様が決めてくれるものなんです。だからこそ、その加減が難しいといえば難しいのかもしれませんね。

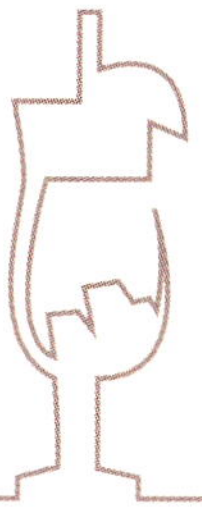

マスターの独り言

堀課長が退職する理由には、多くの人が思い当たる部分があるかと思います。自分の周りを見回せば多かれ少なかれ、そんな現場が見えてくるのではないでしょうか？　相手に気に入られたいから尽くすのは、よく見る光景です。程度にもよりますが、尽くされると気分の悪いものではありませんよね。しかし、プライベートではそうでも、企業の中ではどうでしょうか？　企業にとって大切にすべきは、コンプライアンスや情報ということを別にすると、社員であったり、顧客であるべきです。ここでいう社員は、上司とか部下などではなく、ともに働く仲間、つまり全社員にとって働きやすい環境を提供するということですよね。であれば、なぜ上司に対して特に尽くす人が出てくるのでしょうか。その行為が最終的に顧客に還元されるのであれば別ですが、社内の事情であればこれほどナンセンスなことはありません。

そんな行動を新入社員や若手社員など部下のみなさんはどのように見ているのでしょうか？　また、上司のみなさんは、どんな眼で部下が見ているのか気付いていますか？「仕事に関してはちゃんと指導している」という上司のみなさんも多いでしょう。しかし、上ばかりを見て仕事をしている上司についてどのように感じるでしょうか？

あなたの新入社員の頃を思い出してみてください。もし、あなたの上司が上ばかりを気にして仕事をしていたとすれば、とても不満に感じていたはずです。もし、あなたの上司が自分たちのことを気遣って仕事をしてくれていたとすれば、とても誇りに感じたはずです。敬意を払うことと、過剰に気遣うことはまったく異なります。

上司の役割と部下の役割について考えてみましょう。多くの経験や実績を持つ上司はあなたにとってどんな存在ですか？　上司とはどのようなシチュエーションで活用するものでしょうか？

私は、社会人になったときに、「上司は、部下にとってリソースの一つである」と教えられました。この考え方の中心にあるのは顧客です。顧客を中心に据えた場合、そこに関わる営業や業務など最先端にいる人が最も重要であり、そこに情報が集まります。その情報をもとに、「何をすればいいのか」「誰を使えば最も効果的なのか」を考え、実行することが最先端にいる人の役割なんです。つまり、リプレゼンタティブ＝代表者であることをもっと意識し、上司や他の社員をリソースとして動いてもらえるようにすることが必要になります。

堀課長は、そもそもそのような視点で業務を遂行していたのかもしれません。それが成果につながり、評価され、昇進してきたのかもしれません。しかし、管理職になったことで、自分が最先端ではなく、使われる側にいることの意識が足りなかったのかもしれませんね。つまり上司も部下も自分のリソースとして考えてしまい、ついには昇進すること、つまり部長になることで仕事がもっとやりやすくなると思い込んでしまったのでしょう。しかし、昇進するほどの実力があるからこそ原点に戻り、顧客志向並びに会社の視点で、部門の仕事が効率的にできるにはどうしたらいいかを俯瞰する目を持つことを忘れてはならないということです。つまり、「上司は、あなたの予想以上にあなたを観ていない。部下は、あなたの予想以上にあなたを観ている」ということなんです。

退職には至らなくても、堀課長のような行動をとるマネジメントは、多く存在します。それぞれの立場で、いまの自分を見つめ直すことが必要ですね。

登場人物の堀課長を分析してみましょう。

二人の会話だけを聞いていると、非常に出世欲が強そうですね。もう少し深掘りしてみましょう。昔はそうでもなかったけど、今は出世することに意識がいっているように感じます。つまり「課長に昇進、部長になれるかもしれない」「周りも期待している」ということがストレスになって、本来持っている気質が変化してきているようです。自分の意見を主張する傾向が強くなっているようです。つまり、右側ですね。そして、周りの評価については、とても気にしています。これは、そもそも持っていた気質のようです。ただ昔は同僚とのコミュニケーションが多かったのが、今では上司とのコミュニケーションへ重要度が変わっているだけのようです。つまり、下側ですね。ということで④象限に入るようです。④のなかでも、孤独を最も恐れているように感じますので、④－Cか④－Dですが、自分の意見を正当化しようとする傾向がありそうなので、④－Dであると思われます。

では、そもそもはどこにマッピングされているべきでしょうか？

強いストレス要因で変化してきていますが、もともとは周りとのコミュニケーション量や仕事ぶりからも、③－Aにマッピングされていたのではないかと想像できます。そしてもっと大きなストレスが加わったことで、①象限に移行し転職することになったのではないでしょうか。人は、置かれた環境によって周りに見える性格が変わっていきます。それはその環境に於けるストレスがもともとの性格を見えなくするきっかけにもなります。

さて、あなたはどこにいますか？

HRマトリックス⑪

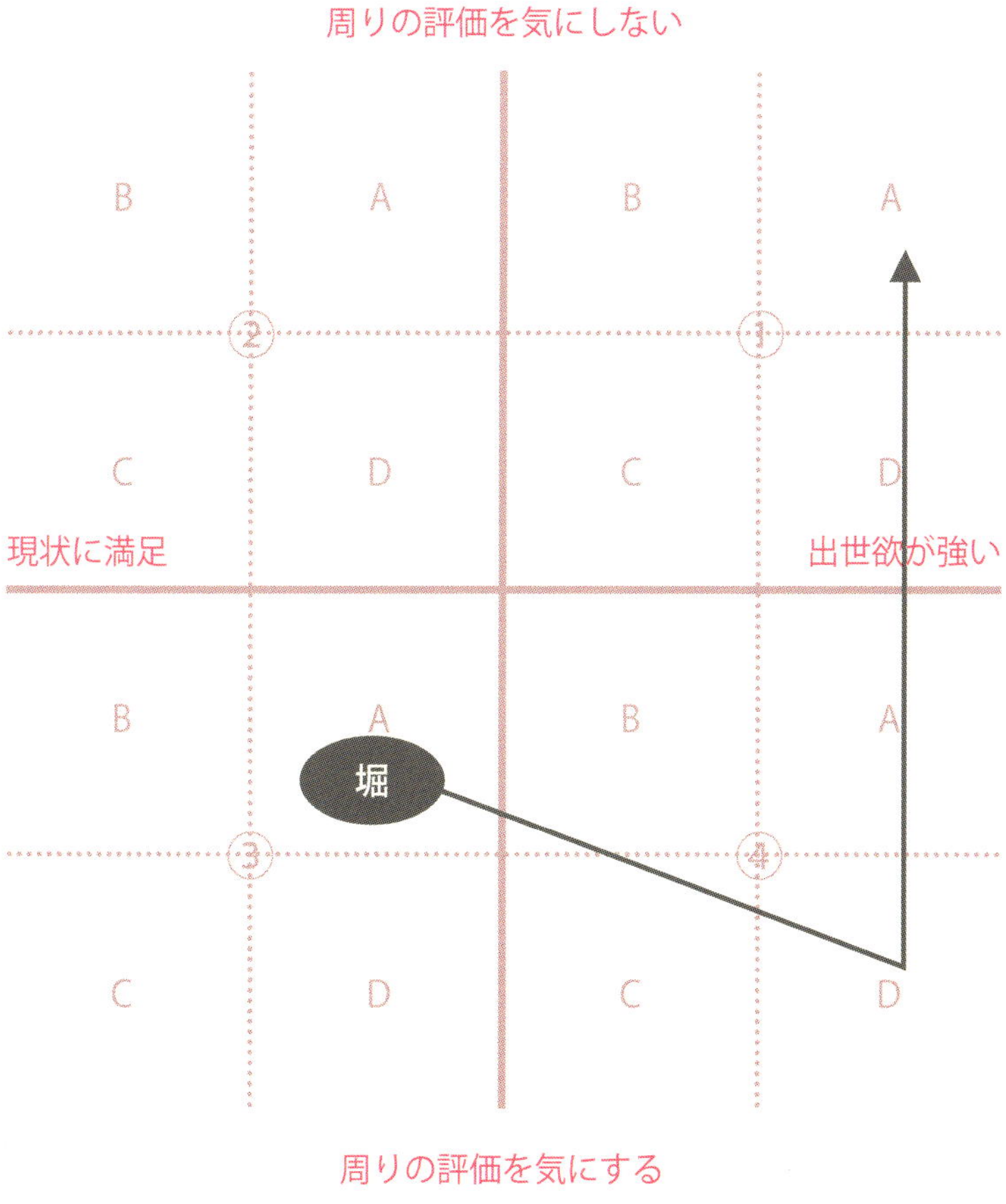
周りの評価を気にしない
B
A
B
A
②
①
C
D
C
D
現状に満足
出世欲が強い
B
A
B
A
堀
③
④
C
D
C
D
周りの評価を気にする

Chapter 12

タイムマネジメントとは、
何時間働いたかではなく、
限られた時間の中で
どれだけ成果を出したかである

STORY 12

宏美は、中堅IT企業に勤務する35歳、5年前に結婚し、半年前に育児休暇を経て職場に復帰した。

宏美　こんばんは（笑）。

マスター　あれ、宏美さん久しぶり！　もう職場復帰されていたんでしたね。お元気そうで何よりです。お子さんは？

宏美　マスター久しぶり！　今日は、旦那がみてくれてるんで、久しぶりにみんなと飲みに行ったの！　おかげさまで、元気ですくすく育ってるわ！

マスター　それは何よりです。いつから職場復帰されてたんですか？

宏美　半年前かな。仕事の内容は少し変わって、今は営業みたいな仕事をしてるの。子供産む前にやってたイベント管理とかセミナー運営とは大違い！　覚えることも多くて目が回りそう。

マスター　そうなんですか。それもまたチャレンジですね。お仕事は楽しいですか？

宏美　とにかく一日が充実してるというか、あっという間に時間が経っちゃうのよね。まだ子供を保育園に連れて行ったり、お迎えとかあるんで時短勤務なの。

マスター　時短勤務って、帰るのが少し早いんですか？

宏美　朝少し遅くて、夕方早いの。就業時間がみんなより2時間ぐらい短いんでホント目が回りそう。けど営業の仕事ってとても面白いの！なんか私に向いてるみたい。

マスター　それは何よりですね。けど、営業って接待があったりするから自分で時間コントロールできる範囲って少ないんじゃないですか？

宏美　そうね。けど私のしてる仕事は、営業の前さばきっていうか、まずはお客さんのところに行って、ビジネスになりそうかどうかを見極めて、営業に渡す仕事なんで、接待とかはないんでそこは大丈夫なの。

マスター　それは、何よりですね。そういえば宏美さん、以前は別の会社で営業とか接客とかされていたんでしたよね。

宏美　うん。飛び込み営業とかもやったことがあるし、店舗で接客もしたことがあったんで、営業みたいに人と話をするの、結構私の天職かも（笑）。けど、ＩＴって技術の進歩に応じて商品とかサービスとか、

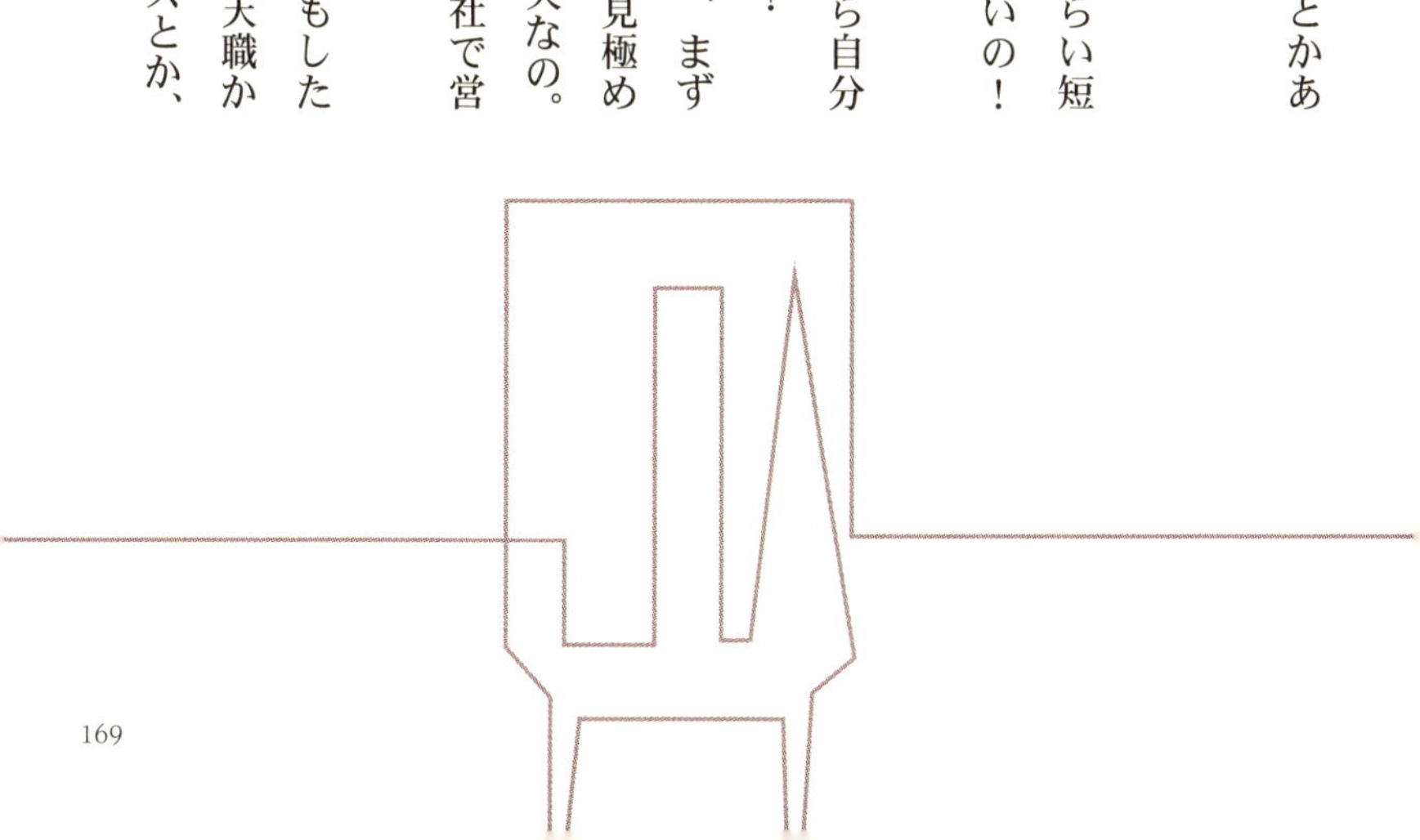

変わるのが早いんで覚えることいっぱいで、最初は大変だったんですよ。だって、2年現場を離れたら取り扱っているものもほとんど変わっていて、何がなんだかわからなかったんだもん。

マスター　そうなんですか。それを覚えるだけでも大変そうですね。

宏美　とにかく、時間つくって基本的なことを教えてもらったら、最初のうちは、同僚に同行してもらって、お客さんと話している内容をメモしながら、わからないことは調べたり教えてもらったりって感じね。けどもう今では、だいぶわかってきたから、一人でお客さんのとこに行けるようになったの！

マスター　さすが宏美さん頑張り屋さんですね。

宏美　せっかくお客さんのとこにいけるのに、こっちが何も知らないと申し訳ないじゃない？　特に時短勤務だし、時間を管理するのって大変だなって実感してる。けど、時短勤務でも結構いろんなお客さんを訪問できるし、何よりお客さんに喜ばれているからとっても楽しいの。

マスター　素晴らしいですね。ところで宏美さんが仕事の中で心がけているこ

STORY 12

とって何ですか？

宏美 そうね、スピードかな。私ってもともとせっかちな性格だから、レスポンスが遅いのってイライラしちゃうのよね。お客さんも同じだと思うから、急いでいるお客さんにはそのほうがいいし、そんなに急いでいなくても早くレスポンスできれば悪い気はしないんじゃないかなって。ましてや時短勤務じゃない？　使える時間も短いんで、その範囲の中でできることはとにかくやりたいの。

マスター それは素晴らしいですね。同僚のみなさんにもいい刺激じゃないですか？

宏美 最近思うんだけど、普通に勤務していた頃のほうが時間にルーズだった気がするのよね。朝会社に行って夕方帰るまでの間に、本当に集中して働いていた時間ってどれくらいだったんだろうって。もしかしたら、今のほうが集中して働いている時間は長いんじゃないかなって。

マスター そういえば、日本は世界でも休日が多い国らしいですよ。とにかく日本人はよく働く、勤勉だって言われているから休日を増やして休

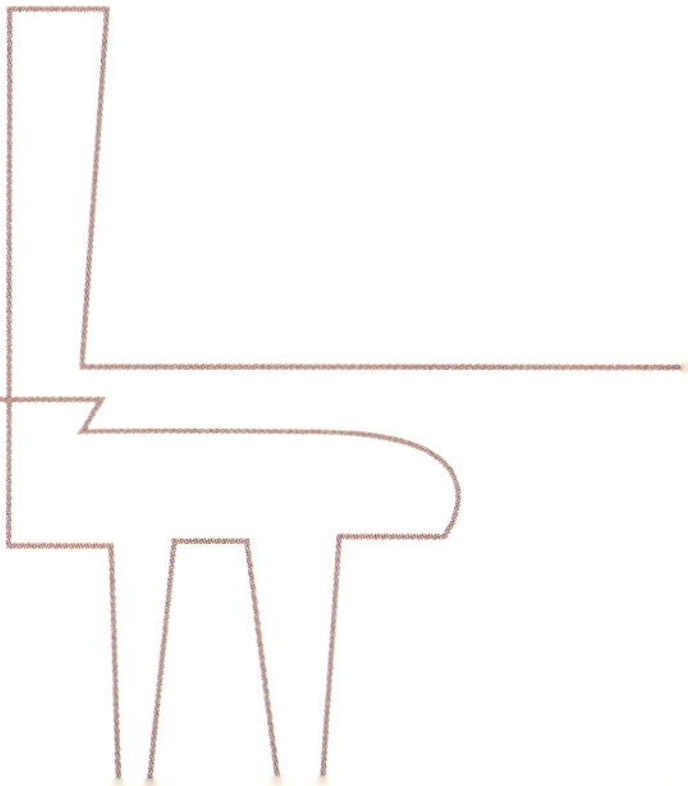

ませるようにしているのかもしれませんが、一方で、先進国の中でもっとも労働生産性の低い国とも言われているようです。宏美さんの感覚は正しいのかもしれませんね。

宏美　そうなんだ。確かに今の私と昔の私を比べると、もしかしたら今のほうがよく働いてるかもしれないって感じるのよね。けど時短勤務だからお給料は前より少ない。仕方ないことなのかもしれないけど、なんか釈然としないところもあるかな。仕事の生産性からすると、以前がもらいすぎだったのかもしれないわね。とにかく仕事の成果や中身ではなく、労働時間で給料が支払われるのってこれでいいのかって思っちゃう。

マスター　アルバイトやパートは時給制なんで、時間で支払うことが必要ですけど、確かに正社員の宏美さんなんかは、成果報酬型って言うんですか、そういう給与体系があってもおかしくないですよね。

宏美　最近は、どこの会社でも水曜日は、残業なしの日にしたりして労働時間を管理してるようだけど、それもどうかと思うし。自分の仕事が早く終われば帰っていいはずなのに、上司が遅くまで会社にいるから早く帰れないとか、なんかおかしな習慣だと思う。

マスター　そうですね。たまにみえる外国人の女性のお客様は、出産前、ギリギリまで働いて、出産後は1週間で職場に復帰してたと言われていました。キャリアを積まれている女性にとって、産休をとること自体がリスクであるということのようですね。もちろんそれを支える体制ができているからできることなんでしょうが。日本もキャリアを積まれる女性が増えているので、社会としてそれを支える体制が必要ですよね。そもそも、時間管理って、どれだけ働いたかではなくて、限られた時間の中でどれだけ成果を出したかを問われるべきなんでしょうね。そういう仕組みになれば成果報酬のような体系も受け入れられるようになるんじゃないでしょうか。

宏美　そうか、なるほどね。充分休ませてもらったんだから、これから取り返さなきゃね。まずは、旦那の教育からかしら（笑）。今度店に顔を出すように旦那に言っとくから、マスターも協力してね。

マスターの独り言

あなたは、年間何日働いていますか？

日本は、先進国の中でも、休日の多い国の一つです。しかし、有給休暇の消化率は低い国の一つのようです。では、労働生産性という視点ではどうでしょうか？　皆さん自身で考えてみてください。どうですか？　一日8時間労働の中で、どれだけ集中して働いているでしょうか？

昔から、日本人は勤勉で、よく働くと言われてきました。かたや、終身雇用ということで、生涯一企業や公務員として、働き続けることを良しとされてきました。しかし、そこには慣れや馴れ合いというものが存在する余地が出てきてしまいます。つまり、生産性と言うよりは、与えられた仕事をこなせばいいといったような環境ですね。たとえば、「仕事が早いと、多くの仕事を頼まれて忙しくなるから、そこそこにしとけばいいよ」なんてアドバイスしてくれた先輩はいませんでしたか？　また、プロジェクトなどで改善提案をしようとしたら、「結局やらされるのがオチだからなんにも発言しないで目立たないのがいいよ」なんてアドバイスを受けたことはないですか？　それでは、自らを高めることができないばかりか、自らの価値を低下させることになりかねません。

宏美さんは、産休、育休から職場に復帰して、これまでとは異なる仕事をアサインされました。それも営業職です。特に変化の激しいＩＴの業界では、同じ営業職であったとしても覚えなければならない新しいことは、たくさんあります。ましてや異なる職種からの異動であればなおさらです。その環境の中で、どうすればみんなに追いつけるのかを考えた宏美さんは、周りの人を巻き込み、それらの専門知識を持った人がどのような会話をするのか、どのような説明をするのかを学び、自分のものにしていくことにしたのです。そして以前の職種のときに感じていた迅速な対応で顧客の期待に応えることを実現しています。つまり座学ではなく、顧客対応の中から学び取ることを意識したんですね。

一日何時間働いたかではなく、どのように働けば最も効率よく知識を得ることができ、顧客対応の品質が上がるかを実践するということは容易ではありません。「タイムマネジメントとは、何時間働いたかではなく、限られた時間の中でどれだけ成果を出したかである」というように、私たちは自分の時間をもっと貴重に扱う必要があります。何時間働いたかではなく、限られた時間の中でどれだけの成果を出したか、どれだけ生産性を上げることができたか、どれだけ品質を上げることができたかを常に問いながらビジネスを遂行することが求められています。

転職を経験したことがある人なら感じたことがある、周りの眼というのがあります。「あいつはどんな仕事ができるのだろう」「どんな仕事の仕方をするのだろう」。そして経営者からは、高い成果を求められます。それがあなたの価値であり、その期待に応えるために経験値を増やすことが必要になります。限られた時間を有効に使い、経験値を高めることが必要なんです。

実在の宏美さんは、時短勤務でありながら周りとのコミュニケーションを深め、卓越した成果を出し続け活躍されています。

登場人物の宏美さんを分析してみましょう。

まずは会話のなかでも出てきましたが、成果主義ということですね。長年働いていても、長時間働いていても、求める成果・求められる成果が出なければ仕方がないという意識を持っているようです。まずは行動ありきということでしょうか。スピードを意識しているということからも右側に位置づけられるのは明らかです。次に感情表現ですが、どちらかというと豊かな方です。また、自分に課している課題を解決することに重きをおいている感じもします。つまり①－Ｄか①－Ａのどちらかにマッピングされるでしょう。いろいろ考えるよりも、まずやってみて修正を加え自分のものにしていくタイプのように見られますし、仕事に取り組む姿勢や、コミュニケーション力、せっかちな性格、意志の強さから、①－Ｄというところにマッピングされそうです。

実行するには、ある程度の検討も必要です。このタイプの人は、経験から得た情報をきっちり検討してくれる補佐役が必要になる可能性があります。また、自分の置かれている環境にかかわらず、成果を意識することができれば、転職や職場環境が変わったとしても、素晴らしい成果を上げることができると思われます。右側の象限の人は結果を早く求めたがり、左側の象限の人は、時間をかけてじっくり考える傾向にあります。

さて、あなたはどこにいますか？

HRマトリックス⑫

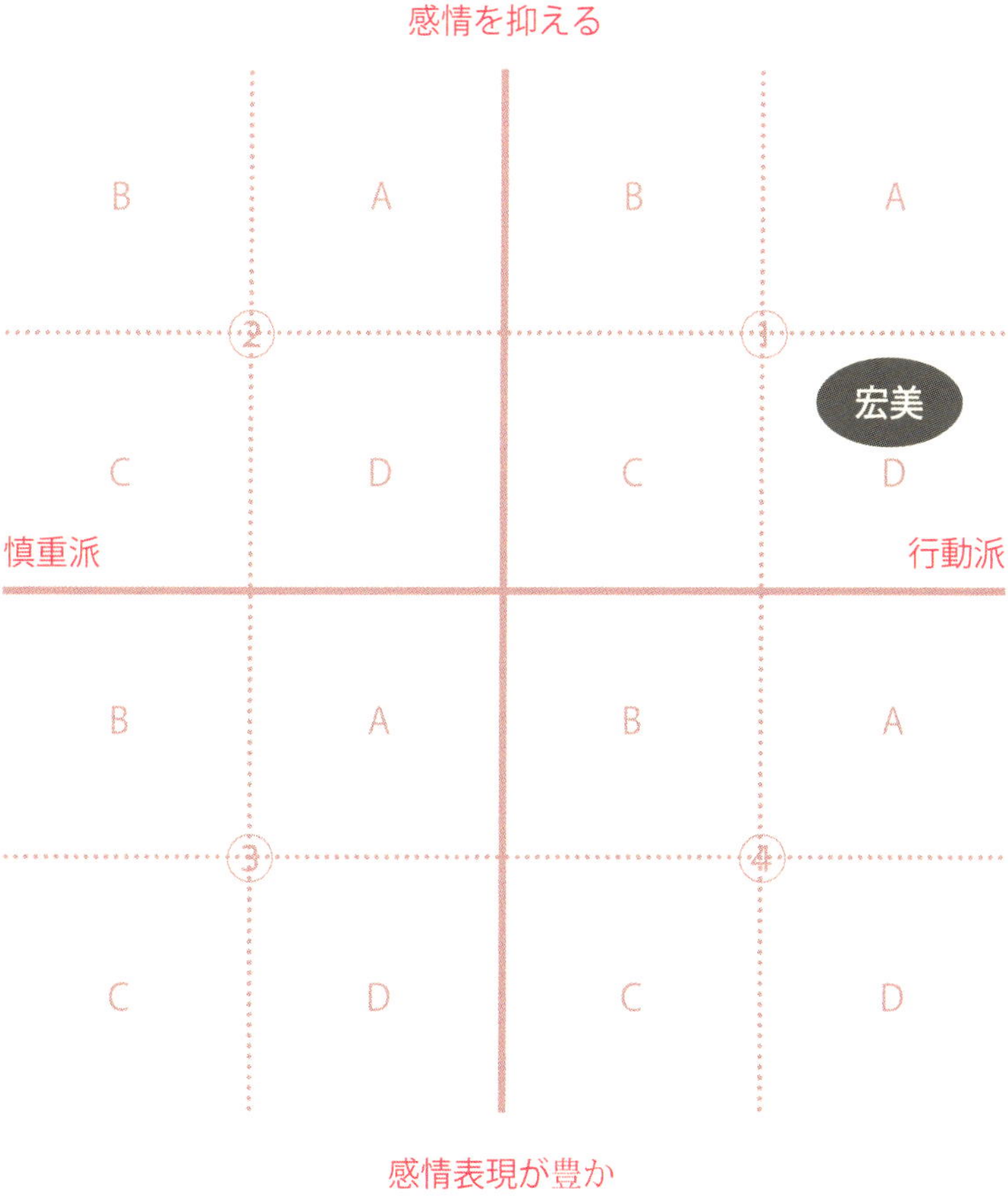

Chapter 13

想定外の仕事が入ったとき、不幸な事故と考えるか、運命的な出会いと考えるか

STORY 13

中堅商社に勤務して15年目、トップセールスとして社内でも10指に入る成績を残している担当課長の大田は、仕事の壁にぶつかっている入社7年目の同僚である純也を連れて、バーを訪れた。

大田　純也は入社して何年なるの？
純也　7年目です。
大田　7年やってみて、どう。仕事は楽しい？
純也　正直、今は、楽しいよりも難しいのほうが勝っている感じですね。入社1～2年目は右も左もわからなかったので無我夢中でしたが、4～5年目は、仕事を覚えてきてなんとなく楽しくなってました。でもまた最近になって、楽しいを超えて、仕事って難しいなぁって感じています。
大田　なんかそんな感じだよね？
純也　最近は、仕事を任せてもらえるようになったんで、そのこと自体、やりがいがありますし、自分の責任と裁量で仕事を進めていけるようにもなってきたんで、それはすごく楽しいことなんですが、年々予算は厳しくなってくるし、やりがいと自由との引き換えに、どうしたらいいか悩んだり、戸惑ったりすることが増えちゃって。着実にやり遂げればよかった去年までとは、かなり違いますね。

大田　確かにそうだよな。会社からの期待が大きくなればなるほど、予算も厳しくなるし、仕事量も増えるからね。そこは、誰もがみな最初に通る関門みたいなもんじゃないかな。

純也　大田さんこそ、なんであえて専門職の担当課長なんて大変なんじゃないですか？　周りの部長たちより、大田さんのほうがスキルが高いし、何よりいまだにトップセールスを続けてるって、すごすぎます。管理職になれば今より楽できるんじゃないんですか？　みんな不思議に思っていますよ。

大田　そう？　なんか多くのお客さんといろいろな会話をして、ビジネスができるって結構楽しいもんだよ。純也なんかも多くのお客さん持ってんじゃなかったっけ？

純也　いやぁ、多すぎるというか、キャパを超えてるっていうか……。些細なことなんですが、先週も、あらかじめ決まっていたある会社とのアポがあったんですけど、前日になって、新規の仕事依頼が別の会社から入ったんです。担当者から電話があり、「急で申し訳ないが明日午後4時に来てくれないか」って、ずっと前からのアポとちょうど重なってしまったんです。両方とも、自分が担当していた仕事なので、先輩や上司に代理を頼む訳にもいかず。こういうときはどうすれば良かったのか。すごく些細な事ですが、でも、自分の中ではすごく悩んでいることなんです。

大田　いや、それは全然些細な事ではないと思うよ。それで、純也は、どうしたの？

純也　やっぱり、先のアポを優先するのが筋だと思ったので、「あいにくスケジュールが埋まっておりまして、ご都合のよい他の日時はございませんでしょうか？」と言いました。

大田　それで、先方は何て？

純也「すみません、こんな急なお願いをして申し訳ないのはこちらのほうでした。調整して、あらためて、ご連絡させていただきます」って。

大田　なるほど。

STORY 13

純也　僕の対応、これで間違ってないですよね？

大田　間違ってはないと思うけど、正しいかって言うとそうとも言えないんじゃないかな。

純也　え、どういうことですか？　どう対応するのが正しかったのでしょうか？　教えてください。実は、宮島課長に相談したんです、どうしたらいいかって。そしたら、先アポという正当に断る理由があるのだから、筋を通して無理ですと言えばいい、というアドバイスをいただいたんで、それでそういう対応にしたんです。

大田　そうなんだ。そもそもそのシチュエーションが正しくわからないからなんとも言えないんだけど、少なくとも先方から連絡が来るってことは、重要度が高いか、急いでいることがあるってことだよね。例えば、会社の先輩と飲み会がセットされてた日に、あとから友達から久しぶりに飲みに行かないかって誘われたとしたらどうする？　久しぶりでなかなか会えない友達だったりしたらどうだろう？　純也はどうするのかな？　先アポがあるからって簡単に断る？

純也　いやぁ、どうにかして両立できないか調整すると思います。もしかしたら、なんか理由をつけて先輩との飲み会をリスケするかもしれませんし……（笑）。

大田　だろ？（笑）。断る理由はいくらでもつくんだけど、それをやっちゃうと自分自身でチャンスを逃していることにしかならないんだよね。プライベートでも仕事でも一緒だと思うんだよね。

純也　けど、どんどん受けてたら身体持たないじゃないですか？　そうじゃなくても仕事量多いのに、一件ならまだしも、何件も入ってきたら収拾つかなくなっちゃいませんか。

大田　そうなったらそうなったときよ！（笑）。あれこれ考えても仕方ないとは思わない？　少なくとも僕は今までどうにかなってるけどね。

純也　それってすごくないですか？　大田さんの予算って僕の数倍ありますよね。それでもできちゃうんですか！

大田　考え方の違いかな？　さっき純也は先輩の飲み会と友達との飲み会がぶつかった時、どうにか調整しようとするって言ってたじゃん？　僕の場合、想定外の仕事が入ってきたら、それは事故ではなく運命的な出会いって考えるようにしてるんだよね。せっかく僕を　選ん

STORY 13

で連絡をくれてるわけだからどうにかして対応できないか、調整してみる。そう考えればどうにかなるもんだよ。

純也　運命的な出会いですか。なんかロマンチックですね。確かにそうなのかもしれません。友達ならどうにか調整できるけど、お客さんだと先アポ優先なんて言ってる自分が恥ずかしくなってきました。宮島課長に聞くまでもなく、自分で判断しなければいけなかったって今さらながら恥ずかしくなってきました。宮島課長も状況がわからないからそういうアドバイスになったんですね。

大田　そうかもね。けど、純也がこないだ僕との飲み会を急に断ってきた理由が、わかったよ（笑）。

純也　いや、あのときはそういうわけじゃ……。

マスターの独り言

読者も含め多くのみなさんが、色々計画しながら仕事をしていると思います。しかも、計画通りに物事が進まないのことも経験済みではないでしょうか？　実は、その突発的な、計画外の仕事が入ってきたときに、どのようにそれらを受け止めるのかによって自分の経験値が変化するんです。前にも述べた、「隙を作ることで自ら仕事を呼び込むことでコミュニケーション量を増加させ、経験値を上げる」ことの先に、その突発的な仕事をどのように楽しむかが問われます。

私が新人の頃、先輩によく言われていたのが、突発的な仕事を楽しむことができるかということでした。自分で自分の仕事を組み立てて実行することは、自分のキャパシティの中での行動になります。しかし、突発的な仕事は、自分のキャパシティの外にある可能性が高いものです。フィットネスクラブやジムに通っている方、スポーツをされている方は経験があると思いますが、自分でつくったトレーニングメニューでは不十分で、トレーナーやコーチ、インストラクターから渡されたメニューは、かなり厳しいという経験はあるんじゃないでしょうか？

仕事もスポーツと同様に、自分で計画したものだけではなく、突発的なもの、想定外のことに対応することで経験値は大きく向上しますし、意外に対処する力を発揮できるものです。言葉は悪いですが、「火事場の馬鹿力」という言葉がありますよね。火事場では、自分の想像以上、実力以上の力が出るということを表していますが、通常、人間は個人が保有している能力の数十％が脳によってリミッターをかけられていると言われています。これは各筋肉のバランスを取ることで怪我をしないように自らコントロールしているのだそうです。だからこそ、危機的な状況や追い詰められた環境ではリミッターが外れ、想像以上の力を発することができるのでしょう。その力が発揮できることを知ることで、今度はそれを最大値として鍛錬し、より地力をつけることも可能です。

大田さんが、長年トップセールスを続けてきた理由は何なのでしょう。計画通りに仕事を組立ててきたからでしょうか？　では、純也君との違いはどこにあると思われますか？　大田さんは、自分の脳力を高めることをとても楽しんでいるように感じます。つまり、突発的な事案を運命的な出会いと考えているんです。だからこそ、どうにか調整してその出会いを逃がさないように心がけているようですね。では純也君はどうでしょうか？　先アポ優先という理由で出会いを断ってしまっています。その出会いがどのような出会いだったのかなど、あとからでは知る由もありません。「幸運の女神には、前髪しかない」ということわざもあります。前のめりに、いろいろな経験をし、それらを体験することを楽しむことができるかが、自らの成長への足がかりになります。

「想定外の仕事が入ったとき。不幸な事故と考えるか、運命的な出会いと考えるか。」

運命的な出会いと捉え、楽しみながら成長できるって、最高ですよね。

実在の大田さんは、新しい仕事、突発的な仕事を常に楽しみながら自らのものにし、トップセールスを継続するだけでなく、プライベートも充実させています。

登場人物の大田課長と純也君を分析してみましょう。

まずは大田課長です。

まずは、想定外の仕事を運命的な出会いとまで言っています。間違いなく変化を楽しむ右側にマッピングされますね。そしてどうにか解決してでもそれに応えようとしているところから、上側つまり、①象限に入りそうですね。なかでも極端に右上によっていそうですから、①－Ａではないかと思われます。

次に純也君ですが、自分の決めたスケジュールに沿って仕事をしようとしているところから継続を重視したいと思っているようですし、調整をしようとしながらも宮島課長に確認して、その通りの行動をとっていますから③象限にいるようです。その後、自分の対応が良かったのか疑問に感じ大田課長に相談しているところを見ると、心のどこかに引っ掛かりがあったようですね。プライベートでは解決する能力がありそうですので、③－Ａといったところでしょう。

それ以外に仕事への興味であるとか、いろいろ環境変数はあると思われますが、何か変わらなければならないといった気持ちは強くありそうです。このタイプの人は、環境の変化を楽しめるようになれば、課題解決の面白さも理解できそうですね。

さて、あなたはどこにいますか？

HRマトリックス⑬

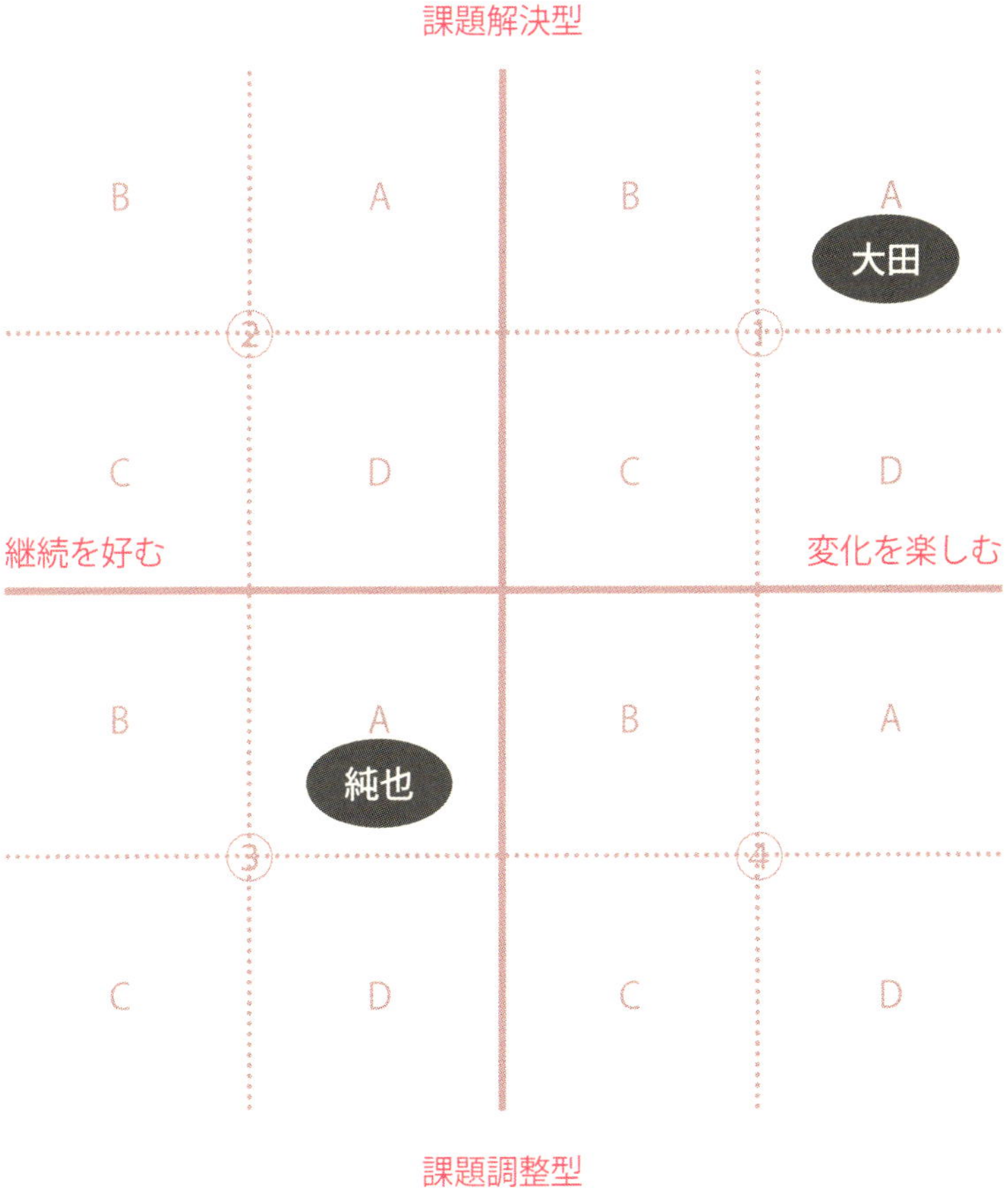

Chapter 14

立てるべき目標は、「どう努力するか」「どう頑張るか」ではなく、「どうなるか」「どうなりたいか」である

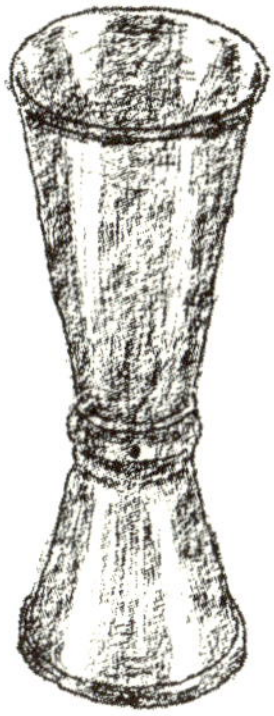

STORY 14

千尋は、大手電子機器メーカーに勤務する入社5年目の社員。研究開発職として入社したが、現場経験を積むために、今年から量販店に出向し、売り場で接客の仕事を担当している。

マスター　千尋さん、久しぶりですね。

千尋　実は、半年前から量販店に出向になって、今、本社勤務じゃないんですよ。それで、ここにもなかなか足が運べなくなっちゃって。

マスター　そうだったんですね？　でも、環境が変わるとまたいろんな新しい人や仕事との出会いがあって、楽しいんじゃないですか。

千尋　最初はね。でも、最近はちょっと疲れちゃった。

マスター　そうなんですね。はい、ブラッディマリーです。慣れるまで、なんでも大変ですからね。

千尋　私、接客とか、営業とかって向いてないんですよ、たぶん……。自分では、そんなことないって思ってたんですけど、毎月ずっと成績はビリの方だし……。私、理系卒の研究職志望で今の会社に入ったんですけど、やっぱり、コミュニケーション力とかが弱いからなんだろうなって痛感してるんですよね。

マスター　毎月成績が出るんですか？

千尋　私の場合、厳格にノルマが課せられてるわけじゃないんだけど、とはいえ現場なんで、常に数字が問われるんですよね。出向といえども、そこは容赦なく、日々グラフが張り出されちゃう。それで、自分よりも若い子がすごく売上げ表彰される中、私はいつもビリ争い。そんなことが続くと、いい加減、気が滅入っちゃいますよ。っていっても、どうすれば数字を上げられるのかも、自分の中ではわかっていなくて、もうどうしようもないんです。私は、どこに向かって仕事をすればいいのか、最近は目標を見失いかけているって感じかな。

マスター　私は、千尋さんみたいな大きな会社で働いた経験はないのでわからないんですが、千尋さんみたいに研究職志望で入社した方でも、そうやって現場で販売の仕事とかもするんですね。

千尋　ジョブローテーションといって、入社10年目未満のうちは、ころころといろいろな所に配属されるんです。

マスター　なるほど。でも、無責任な言い方ですけど、そうであれば、いずれ

千尋さんはまた本社に戻ってくるんですよね。会社としてはいつかは本来、千尋さんに期待している仕事をアサインするでしょうから、今はそのために必要な「いい経験」として考えればいいんじゃないですか？　あまり、数字に一喜一憂しなくてもいいんじゃないかなぁ。

千尋　でも、やっぱり、売上げの成果を出さないと、数字は本社に報告され査定の対象にもなるから、一喜一憂しますよ。

マスター　千尋さんは、頑張り屋さんで努力家なんですね。

千尋　それって、褒めてます？（笑）。努力したって結果になんなきゃ何の意味もないもん。

マスター　うーん、どちらでもないです。中立的に、事実を言っただけですよ。

千尋　確かに、自分でも、まぁまぁ努力家だとは思うんです。数字とか課せられると、つい頑張っちゃうし。ていうか、私たちって、小さい頃からそういう育てられ方をしてきていると思うんですよね。80点とれば合格点とか、××大学に合格するためには全国模試で偏差値65以上とらないといけないとか、常にゴールが設定されてて、「その

STORY 14

ゴールに向けて努力しないといけないんだ」って小さい頃からたたきこまれてきたじゃないですか。「努力しなさい。努力は必ず報われるから」って。それって、間違ってるのかなぁ？

マスター　間違ってなんかないと思いますよ。ただ、努力自体は、ゴールではないですよね。ゴールのための手段、プロセスであって。最終的に大事なのは、「どう努力するか」とか「どう頑張るか」とかいうことではなく、「どうなるか」、「どうなりたいか」ってことじゃないんでしょうか。

千尋　ん？　どういうこと？

マスター　私は脱サラ組ですから、15年くらい前……。そうですね40歳位の時に、千尋さんと同じような気持になったことがあります。まだ、バーの店員として働いていた頃のことですけど。師匠からは毎日怒られてまして（笑）。店が終わって、師匠が帰ってから後片付けして、それからカクテルの練習して、店出るのはもう完全に明るくてすずめがチュンチュン鳴いてました。家に帰って2～3時間だけ寝て、そのお店はランチもやっていたから、朝10時には仕込みで出勤しない

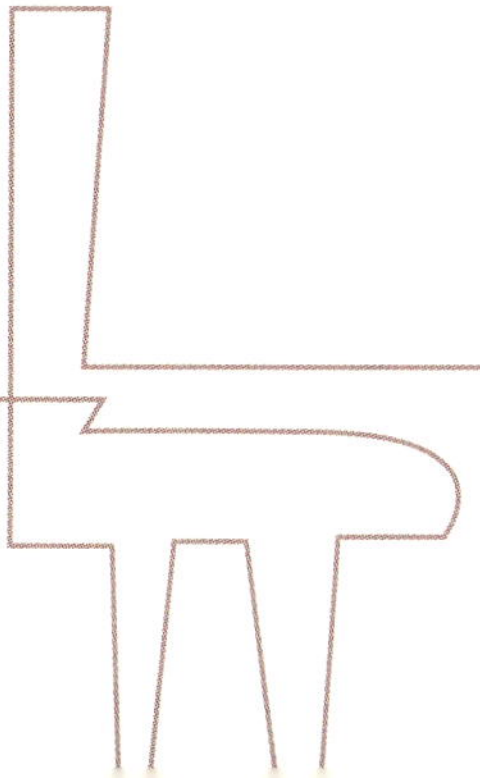

といけませんでした。とにかくもう、休みなく働いて、おかげで貯金はちょっとは貯まっていったんですけど（笑）。お金はあっても、子供たちと遊ぶ時間もなくて。それであるとき、ふと「こんなに頑張って、何の意味があるんだろう。もう頑張れない……」って思い、急に仕事へのモチベーションを失いかけたときがありました。そのとき、師匠から言われたんです。「今のお前は、頑張ることがゴールになっている。ゴールはそこじゃないだろ？　自分の店を持つという自分の夢を叶えることがゴールじゃないのか」、って。そのとき、ハッとしましたね。忙しさのあまり、道を見失っていた自分に気づきました。

千尋　私のゴールは、「今の職場で数字を上げることではない」ってことですよね。

マスター　はい。きっと会社としても、千尋さんにそこをゴールに思ってほしくはないんじゃないでしょうか。千尋さんには、いずれは、会社を支える研究者になってほしいと思っているはずです。今は、「ビジネスマンとしての経験値を上げること」「販売の最前線で、買ってくれ

STORY 14

ているお客さんの顔を見ること」「自分たちの製品に何が足りないのかを知ること」や、現場で直に私たちみたいな一般消費者の声を聞いて、新製品開発に活かすことが千尋さんの使命であり、単に売れ上げを伸ばすことではない気がしますね。

千尋　確かに。今、思い出しました！　出向の辞令を渡されるとき、「現場でいろいろ学んでこい」みたいなことを上司から言われました。忘れていた私が悪いですね。

マスター　私は、千尋さんは悪くないと思いますよ。私だって、千尋さんと同じ状況に置かれたら、同じようなことを気にして、同じように悩んでいたと思います。現場に入れば、それが普通でしょう。だから、マネージャーの役割がすごく重要になるんだと思います。事あるごとに、「ゴールはそこじゃないよ、ここだよ」って気付きを与えてあげる。それが、マネージャーの部下に対する重要な仕事の一つでしょうからね。

マスターの独り言

日々の忙しさで、目的を見失うことって、誰にでもあると思います。千尋さんは、本来の研究職から販売の現場に出されて、苦労をしています。これは当然のことです。これを当然とは受け取らずに、仕事として成果を出したいと思うところが、素晴らしいところでもありますよね。しかし、頑張りすぎると本来の目的を見失ってしまいます。自分がこの仕事を経験していることで何を得ることができるのか。何を感じるためにこの仕事をしているのかを意識することが重要なんです。そうすれば、いろいろな発想が浮かんできたり、研究者ならではの、別の視点でお客に接することもできるのではないでしょうか。

いろいろな企業で、現場研修とか、現場体験とかいう名目で、販売要員の拡充を行っています。中には、販売応援ということで要員を現場に出し、売上げを上げることが最重要命題として捉えられている企業もあるのではないでしょうか。つまり、それぞれに目的があるはずです。また、企業側の目的とは別に、自分の中での目的も明確にすべきであると思います。これが自分を高めるためのモチベーターにもなるんです。

私自身も、販売応援ということで現場に入ったこともあります。そこで見えてくるのは、マネジメントとして見られる自分ではなく、販売要員として一人ひとりの顧客に接する販売員としての自分でした。また、日本全国の販売現場を訪問することでその店舗の状況を把握し、それぞれの現場で頑張っているメンバーとのコミュニケーションを深めることも私の仕事として位置づけていました。コミュニケーションで出てくるのは、どうすれば売れるのか、他の店舗ではどうなのか、店舗での日々の悩みなど、多岐にわたります。そして、どのようにお客様と接するのがいいのか、どのような施策を打つことが必要なのか、何が今の会社に足りないのかなど、多くの建設的な意見やアイデアも頂きました。

彼ら、彼女らにとって、現場での学びは多くの発見があったと思いますし、私自身多くの学びを頂きました。それらが私の中では、経験として、刻み込まれています。

とても難しいテーマですが、研究職である千尋さんにとって、現場での学びの目的は、「どう売るかではなく、どのような製品がお客様の手にとってもらえるのか、お客様に喜んでもらえるのはどのような製品なのかを学び、製品開発に活かすこと」であったはずです。これを見失わないようにコミュニケーションを深め、適切なアドバイスをしたり、時には販売店に対し申し入れをしたりするのはマネジメントの仕事です。千尋さんが目的を見失ったり、見誤ったりしていないか、いち早く気付き対応することができなければ、異なる環境での学びの場も、販売数を稼ぐためのただの人数合わせになってしまいます。「今、あなたが直面している環境での経験は、将来どのように役立てたいと思っていますか？」ということをお互いに意識すること、そしてそれを共有することが重要なんです。

家電量販店の現場にいると、応援に来られている各メーカーの研究部門や開発部門の技術の方が、営業研修や、販売協力いうことで営業現場を経験されに来られています。販売の現場は、顧客の声をストレートに感じることのできる絶好の場です。目的を見失わずに素晴らしい製品を開発してくれると期待しています。

登場人物の千尋さんを分析してみましょう。

まずは、成果がなかなか出ない現状に対して悩んでいますね。自分の適性に合わない仕事つまり量販店に出向したことでの環境の変化を、持ち前の課題解決型の思考で解決しようと焦っていたようですが、焦りから行動が空回りしているように見えます。つまりストレスがかかっている状態です。数字を上げるために何をしなければならないか、課題解決というよりも、課題を調整することを意識しているようでもあります。現状は④象限のなかでも慎重派、課題解決型に近い④－Bにマッピングできそうです。

では、本来の千尋さんはどこにいるのでしょうか？

慎重派ですので左側になります。また、目標を持ってそれをクリアすることを心がけてきた様子が伺えます。そのなかでも課題解決型ですので②－Bに位置づけられそうです。

また千尋さんは、ストレスがかかることで、慎重でありながら③象限の課題調整型に移行した上で、行動派に変化しています。また、ストレスで少々感情的になりかかっているようです。いくら理性的な人でもストレスがかかってくると、感情的になることがありますし、納得することでしか動かない人でも、まず行動をするようになる傾向があります。

さて、あなたはどこにいますか？

HR マトリックス⑭

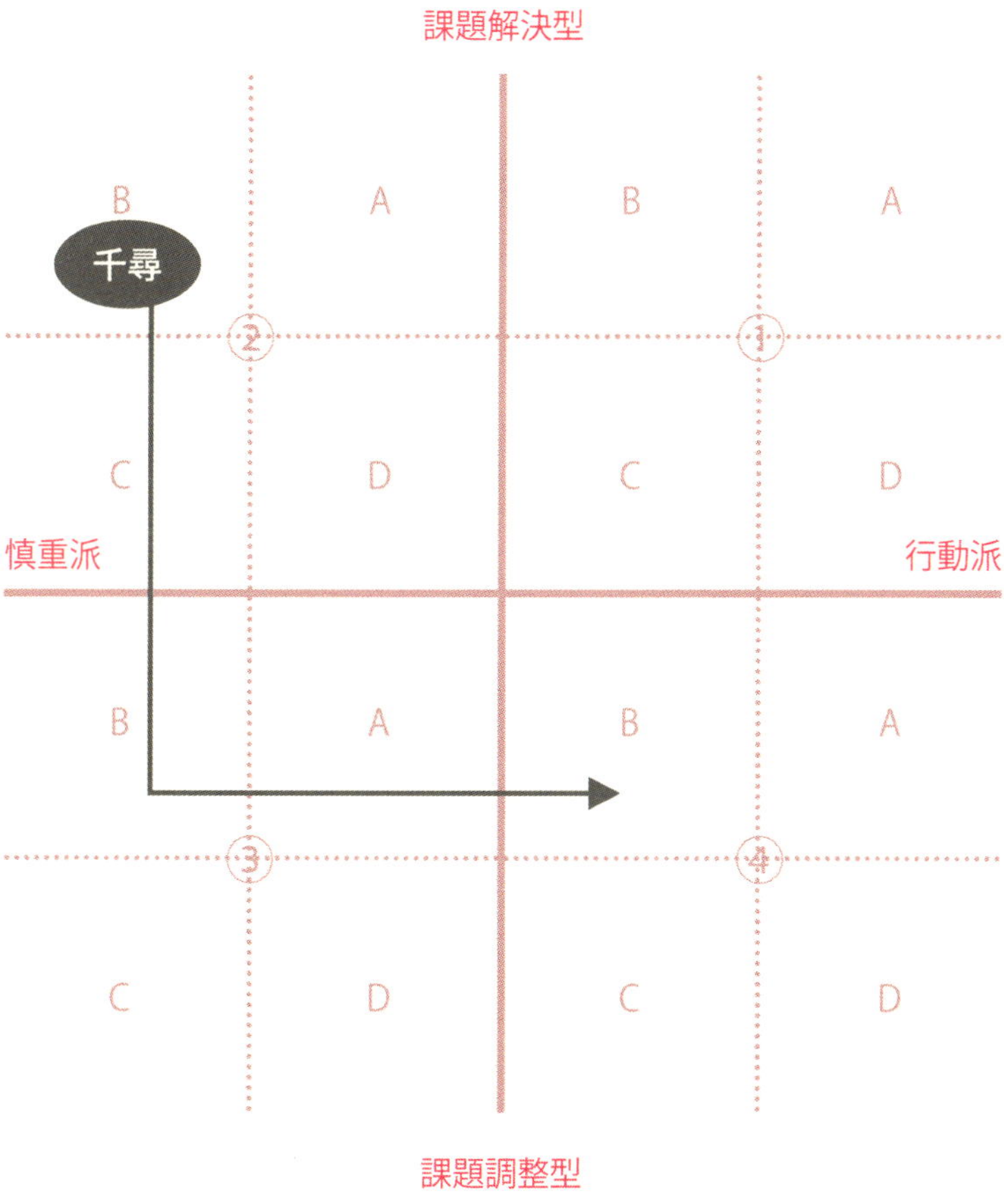

Chapter 15

休日は、心を空っぽにするためにとるのではなく、心に栄養補給するためにとる

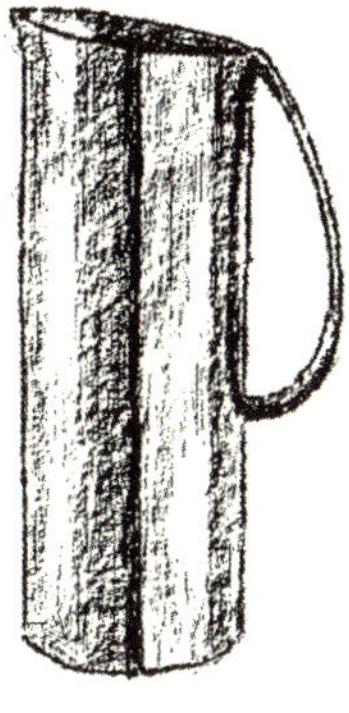

STORY 15

佳乃は、大卒で公務員になり、今年で勤続20年目になる。順調に出世し、現在は課長職。大学を同期で卒業した正樹は、大手製造業に入社。今年部長職に昇進した。

佳乃　来週1週間、海外旅行に行ってくるの。人生初めてのパリ。超楽しみなんだ。

正樹　佳乃はいいよな。旦那はいても子供はいないし、まして公務員だから結構自由に時間つくれるよな。それに比べて俺なんか、女房と2人の子もちで、自由な時間なんてありゃしないよ。

佳乃　なにいってんのよ、人生順風満帆で、同期の出世頭じゃない！　公務員って言っても、自由になる時間なんてないんだから、みんな公務員を誤解してるのよね。そんなことより、一人でパリに行くなんてなんだか刺激的！　ホント楽しみ！

マスター　いいですねぇ。この季節のパリは、過ごしやすいでしょうね。羨ましいです。

佳乃　そうそう！　それでこの時期にご褒美休暇をとることにしたのよ

ね。今年、勤続20年になるんだけど、1週間特別休暇をもらえるの。正樹のとこもそういう制度あるんじゃないの？

正樹　うちは25年目かな。その代わり2週間もらえるんだけどね。まだ5年あるよ。

佳乃　2週間も？　さすが大手！　そんなに休みがあれば、いろんな資格も取りにいけるわよね！　言ってなかったけど、去年私、野菜ソムリエの資格をとったの！　野菜って奥が深いのよ！

マスター　それは素晴らしいですね！　なかなかとれないんじゃないんですか？

正樹　ふーん。俺は肉のほうがいいな（笑）。

佳乃　だから、そんなに太っちゃったんじゃないの？　昔の面影なんてまるでなしよね。

正樹　相変わらず、毒舌だな（笑）。そういえば、マスターなんかは長い休み取れないんじゃないの？　旅行とかは行かないんですか？

マスター　旅行も好きですよ。年に一回は、まとまったお休みを頂いてるんで、あちこち行かしてもらってます。けど、年に一回なので、なかなか行けないですね。

佳乃　私にとって、旅行が唯一の楽しみだから。旅行がなかったら、死んじゃうなぁ。気付けば、勤続20年なんて。自分でもちょっと働きすぎたかも。

正樹　働きすぎってオーバーだなぁ（笑）。けど、まとまった休暇って大事だよね。俺も一人旅に行きたいよ。結婚して子供ができると、やれ学費だとか、習い事だとか、お金はかかるし、拘束されてる時間も長いし、家では落ち着くとこないから、息抜きといえば飲みに行くぐらいかな。

マスター　毎度ありです（笑）。

佳乃　だから男ってダメなのよね。身近な仲間でまとまってお金と時間を無駄に使って毎日飲みに行って、何も得るものもない。お金と時間が泣いてるわ！　愚痴言ってたって何の解決にもならないのに、なんでそうなのかしらね。そもそも私たち女性は、そんな男社会の中で生き残ること自体が大変なのよね。良くなったとはいえ、資格も制度も、そもそも男性を基準につくられてるのを、女性でもいいですよって感じにしてるだけじゃない。野菜ソムリエの資格だって、

STORY 15

ただ面白そうだからとってるんじゃないのよ。オーガニックもそうだけど、食が注目されている中で将来ビジネスになる可能性があると思って、とったんだから！　いつまでも一つの仕事に固執している時代じゃないんだから。

正樹　よくしゃべるよね（笑）。佳乃は、そのSっぽいところが魅力といえば魅力なんだよね。で、酒が入れば倍加される（笑）。

マスター　いろんなお客様いらっしゃいますけど、佳乃さんみたいに、バリバリ仕事している女性って、いつもみなさんイキイキされてますね。みなさんお酒もよく飲まれますが、ただ飲んでるだけじゃない方が多いんですよね。

正樹　どういうこと？　俺なんか、いつも最後の方は、よくわかんなくなってるけど。

マスター　飲みながら情報を吸収されている気がします。特にワインなんかはそうですね、エチケットは必ず写真を撮られますし、味についてもなんかメモしてる人いらっしゃいますしね。あと、どの食事と合うかとか、なかなか緊張します。

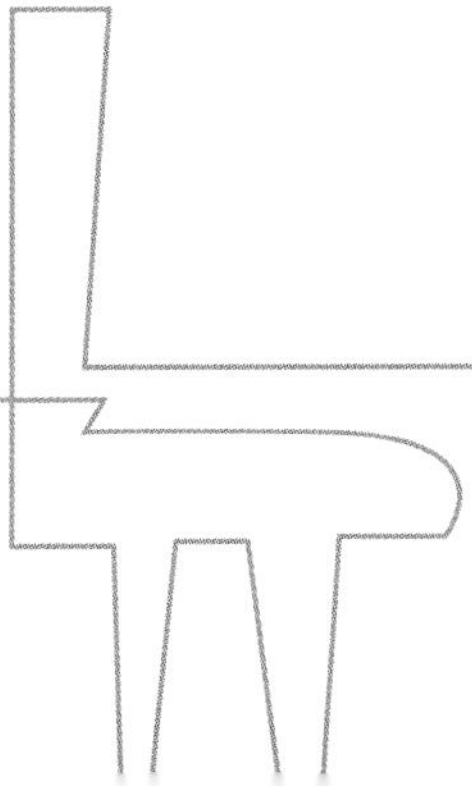

佳乃　さすが、マスターわかってるじゃない！　私たちに無駄な時間ってないのよ。仕事の時間は、みんなどこかで無理してる。つまり自分に嘘をついてるのよね。仕事が楽しいってふりをしているだけで……。だから、自分の時間は、有意義に使いたい。飲むときもそう、旅行もそう、雑談に見えても実は一所懸命アンテナ立てて情報収集してるもんなのよ。正樹は、どう？　仕事は楽しいの？

正樹　決して楽しくはないかな。仕事は仕事だよ。楽しいだけじゃない。いろいろ大変なことも多いし、部下もたくさんいれば目も届かなくなる。何かあれば責任問題になるし……。マスターはどう？

マスター　私は楽しいほうが多いですかね。

佳乃　本当？　無理してない？　心底楽しいっていえる？

マスター　私は、オーナーですから（笑）。楽しくなくなったらやめちゃいます（笑）。

佳乃　そりゃそうかもね。正樹も私も、休日でリセットしなきゃ持たないもんね。

正樹　そうそう、けど最近の休日は前日飲みすぎて土曜の昼起きて、買い

STORY 15

物付き合って、日曜も結局はかみさんとか子供に付き合ってくたびれ果てて、終わるっていうのの繰り返しだもんな。リセットする感じじゃないよ。

マスター　私は、休日って、「心を空っぽにするためにとるのではなく、心に栄養補給するためにとる」もんだと思っているんですよ。

正樹　心に栄養補給？

マスター　空っぽにしようとしても、ならないんだから、自ら栄養補給しちゃえばいいんですよ。

佳乃　いいな、その言葉！　何か自分の興味があることや、新たな知を仕入れるってことよね。それがもしかしたら、新しいビジネスのネタにもなるかもしれないし。パリの旅行でも、いっぱい仕入れることありそう！　なんかワクワクしてきた！　正樹も引きずり回されるんじゃなくて、引きずり回せばいいんじゃないの？　もっとポジティブに考えなきゃすぐ年取っちゃうよ！

正樹　なるほどね。休日の過ごし方を少し変えてみようかな。けど佳乃、パリで栄養補給しすぎて太らないようにしないとね（笑）。

佳乃　あ、正樹！　それってセクハラ！（笑）。

STORY 15

マスターの独り言

仕事って楽しいですか？

あなたは、自分の仕事を楽しんでいますか？

私は両親から、「仕事は楽しむもんじゃない。真面目に取り組むもんだ」と言われていました。しかし最近では、プロセスの中の一部として仕事を捉えるのではなく、そこに価値を与えたり、効率化提案をしたり、現状の仕事内容に疑問を持つこともタブーではなくなってきています。

佳乃さんや正樹さんもそう思って仕事に取り組んできたはずですが、20年の歳月は、その意識さえ変えてしまいます。「現状維持こそが美徳」「変えることで何か不都合が出てしまうと責任問題になるからそのままでいい」「上司の言葉に逆らうと面倒なのでそのままにしておこう」なんていうことになってしまいます。新卒で配属された頃の、何か新しいことに取り組めるワクワク感などは、忘れ去ってしまっていませんか？

また、「仲間との飲み会こそが息抜きだ」という言葉をよく聞きます。しかし現実はどうでしょう？

本音を語り合い、建設的な意見をぶつけあう場ではなく、感情的に愚痴をぶつけあう場になってしまってはいませんか？　そう、飲み会は愚痴の宝庫です。そのような場はストレスを発散しているのではなく、ストレスを溜め込んでいるだけです。何かにストレスを感じる。それは普通です。では、そのストレスはどのようにして発散させればいいのでしょうか？　人に話すことで発散させることができる部分もあるかもしれません。それは自分の思いを口にだすことで誰かに聞いてほしい、共感してほしいという中から生まれていると思います。その思いを共に考えてもらうことで、良い解決策はないかと思いながら話している部分もあるでしょう。つまり、ストレスは、解決することでしか解消できないんです。

そんなストレスを抱えた中で、どうすればリフレッシュできるのでしょうか？　もちろん休日はリフレシュするいい機会です。しかし、それぞれのライフスタイルの中で一概にどうすればいいとはいえません。しかし、少なくとも日々のストレスから一度自分を開放してあげることがもっとも重要なことです。ではリフレッシュとは何でしょうか？　引きこもることもリフレッシュになるかもしれませんし、佳乃さんのように旅行に出ることもリフレッシュになるかもしれません。しかし、正樹さんのように休日が休日にならないと嘆いている声もよく聞きます。それは、休日の過ごし方が間違っているのではないかと思います。

受け身ではなく、積極的に休日を捉えられれば、発想は変わります。近くの公園散歩でも、スポーツでも、何か目的を持って、何か発見してみることを目的にしてはいかがでしょうか？

昔、ゴルフをご一緒させていただいたある企業の役員の方は、スコアに一喜一憂されるのではなく、コース上に配置された木々や花々、吹き抜ける風や香り、コースデザインを楽しんでおられました。その時の会話、その方の笑顔はいまだに鮮明に覚えています。ただのゴルフであっても目的を持って向き合うことで、心に栄養補給をしてくれます。休日は、心を空っぽにするためにとるのではなく、心に栄養補給するためにとるものです。家族とともに、子供とともに、夫婦で、友人と、両親と、一人で……。それぞれの環境に合わせて、栄養補給をすることを意識してみてください。

実在の佳乃さんは、休日を利用して資格を取得され、企業を退職された後、趣味と実益を兼ねて起業されています。もちろん、バイタリティは健在です。

登場人物の佳乃さんと正樹さんを分析してみましょう。

佳乃さんは、野菜ソムリエの資格にしても旅行にしても、まず行動してそこから学んで行くタイプのようです、なのでまずは右側の行動派に位置付けられます。また、正樹さんとの会話の口調からしても、感情表現が豊かであるようですね。つまり下側ですから④象限に入ります。そこでのポジションですが、感情を露わにするというよりは理性的ですし、行動についても無計画ではありませんので、④－Ｂと判断します。

一方正樹さんですが、まず行動というよりも、どちらかというと考えてから行動するタイプのようですから左側の慎重派に位置付けられそうです。また、佳乃さんが表現豊かだからかもしれませんが、どちらかと言うと感情は抑えるタイプのように見えますね。なので②に位置づけられそうです。そこでのポジションですが、感情を押し殺している感じもないですし、行動が遅いようにも感じません。つまり②－Ｄと判断します。

佳乃さんと正樹さんは対称の位置にいますが、お互いに真ん中寄りであることもあり、話も合いやすいのかもしれません。なのでお互いにフランクな本音の会話ができているのではないでしょうか。

さて、あなたはどこにいますか？

HRマトリックス⑮

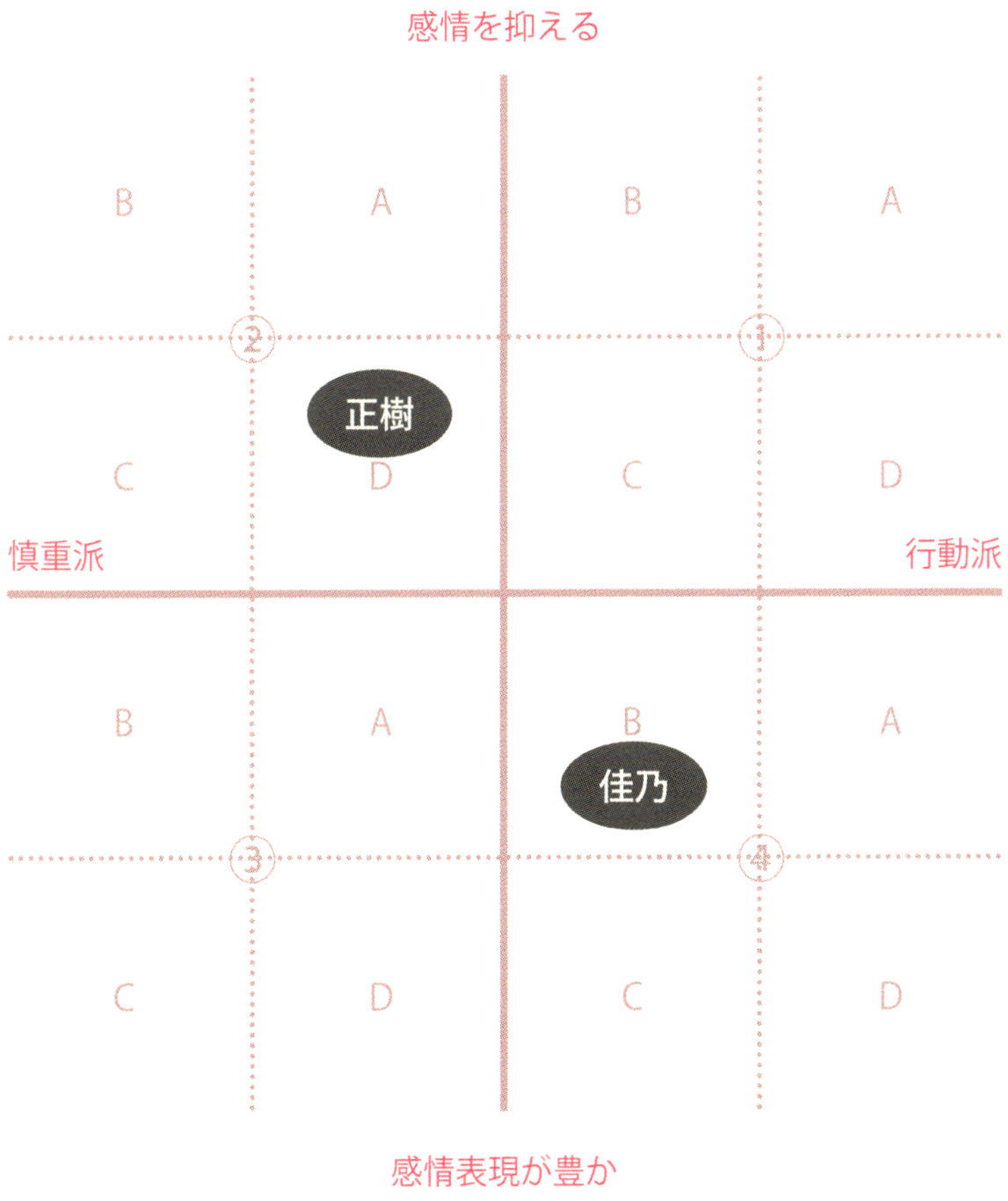

Chapter 16

解決策が見いだせない時は、「なぜ」を3回唱えよ。自ずと道は拓ける

STORY 16

小売業大手に勤務する石井は勤続20年目で営業部長として部下をまとめている。今夜は、新卒2年目の麻里と同期の恵梨香を連れて来店した。

マスター　しかし石井さん、今夜は両手に花で羨ましいですね。無理やり連れて来たんでしょ？

恵梨香　そんなことないですよ（笑）。今夜は私達が石井さんを誘ったんです！　ねぇ麻里。

麻里　そうそう、カリスマ営業だった石井部長のアドバイスが欲しくて誘ったんです。

石井　なんだ、そういうことか（笑）。二人が「飲みに連れてってください」って言うもんだから、なんか恋バナの相談かなって思ってたんだけどな。仕事の悩みだったんだ。

マスター　石井さん、贅沢言っちゃいけませんよ、それだけ信頼されてるってことですからね（笑）。

石井　そうだね。で、どうしたの？

麻里 先日恵梨香と話してたら、共通の悩みがあることがわかって、それで石井部長に相談してみようってことになったんです。実は、松下課長から聞かれているとは思うんですが、私達一所懸命頑張ってるんですけど、なかなか数字が伸びなくて……。

恵梨香 石井さん、聞いてくださいよ。店舗での接客って結局、待ちじゃないですか。お客さんが来店されても、「いらっしゃいませ。何をお探しですか」くらいしか声がけってできないじゃないですか。なんかそこで反応があれば話もはずむのに、「いえ、いいです」って言われちゃうと、先に進まないんですよね。そこで会話が終わっちゃうんです。お客さんとの会話を増やして売上を上げるようにって言われても、そんなの簡単じゃないじゃないですか。それで二人とも悩んでるんです。

石井 二人が頑張ってるっていうのは、松下から聞いてるよ。二人とも担当のお店にいろいろ趣向を凝らしてお客さんが入りやすいようにしてるってこともね。

麻里 そうなんです。直営店ですから、店舗のスタッフとも話して、競合

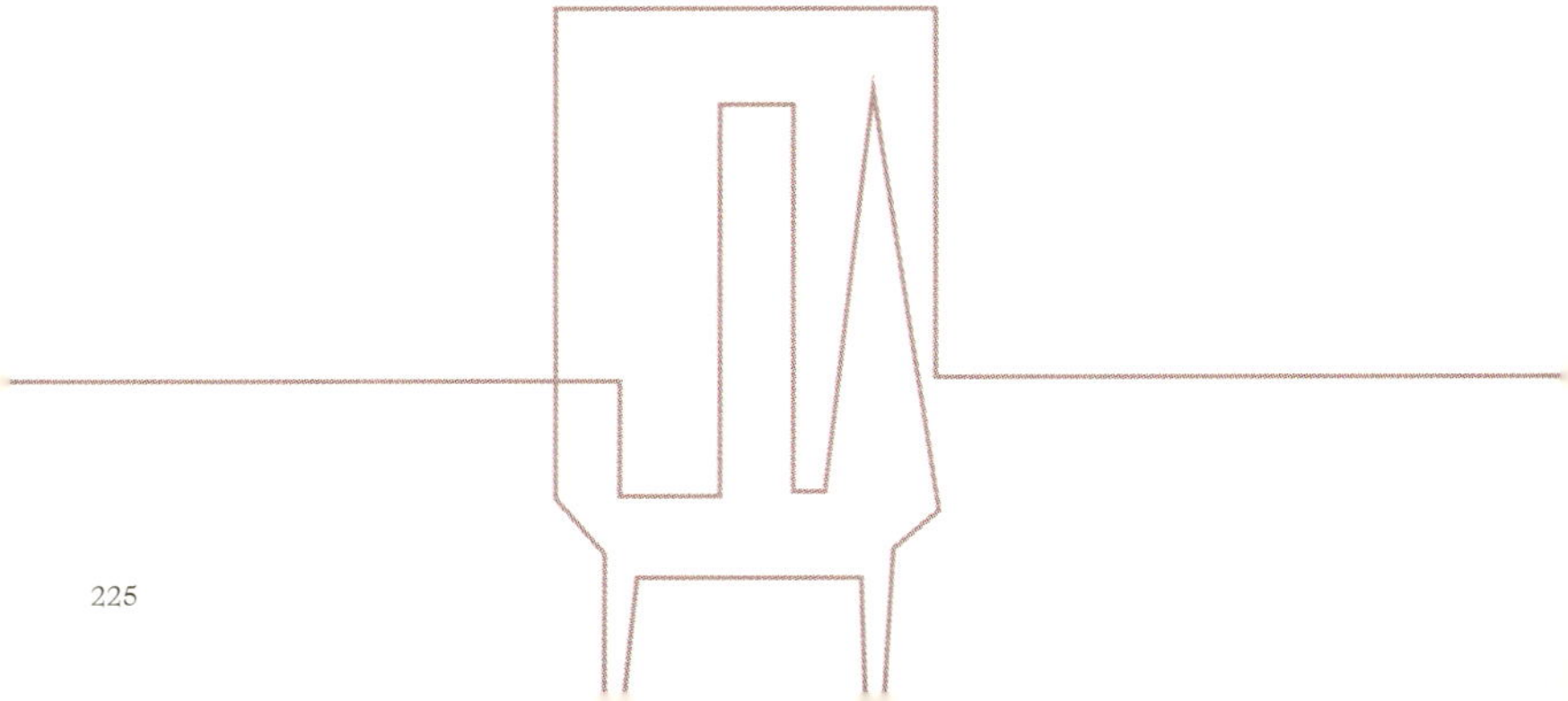

他社とは差別化できたいい感じのお店になってきたはずなんですけど、それが売上に結びつかないっていうか……。

石井　来店してくれるお客さんの数は増えているんだよね。なのに売上が伸びないんだね。

麻里　そうなんです。

石井　来店してくれるお客さんが増えるっていうのは素晴らしいじゃない。店舗のトラフィックは上がってるんだから、あとは、陳列か接客の仕方に課題があるのかもしれないね。

恵梨香　私達のやり方の問題なんでしょうか？

石井　まぁまぁ、結論を焦ることは無いよ（笑）。ねぇ、マスター。

マスター　そうですね。接客って簡単なようで、難しいですからね。いろいろ考えてしまうと、深みにはまっちゃうんですよね。

恵梨香　マスターなんか接客業といえば接客業じゃないですか？　なんか秘伝とかないんですか（笑）。

マスター　秘伝なんてないですが（笑）。麻里さん、最初に声がけした時、お客さんの反応はどうです？

STORY 16

麻里　そうですね、なんか欲しいものがあってこられたお客様は普通にいい感じで接客できるんですけど、そうじゃないと話がすぐ終わっちゃって、なんか触れてくれるなって感じ出されちゃうんですよね。

恵梨香　そうそう、なんか「ほっといてくれオーラ」出されちゃうんで、近寄れない感じです。

石井　なんでそうなるんだろうね。

麻里　売り込まれるって思うんじゃないでしょうか？　けど、こっちも商売だから売り込みたいんで、おすすめの商品なんかについて話したりするんですけど。

マスター　なぜ、そのお客さんにその商品をすすめるんですか？

恵梨香　うーん、着ている服とか、バッグとかを見て、判断したりしてるけど……。大きく変化はさせていないかも……。

石井　今、会話したようなことをお客さんと話してる？

麻里　え？　そんなことは話してないと思います。

マスター　そこなんじゃないでしょうか？

恵梨香　どういうことですか？

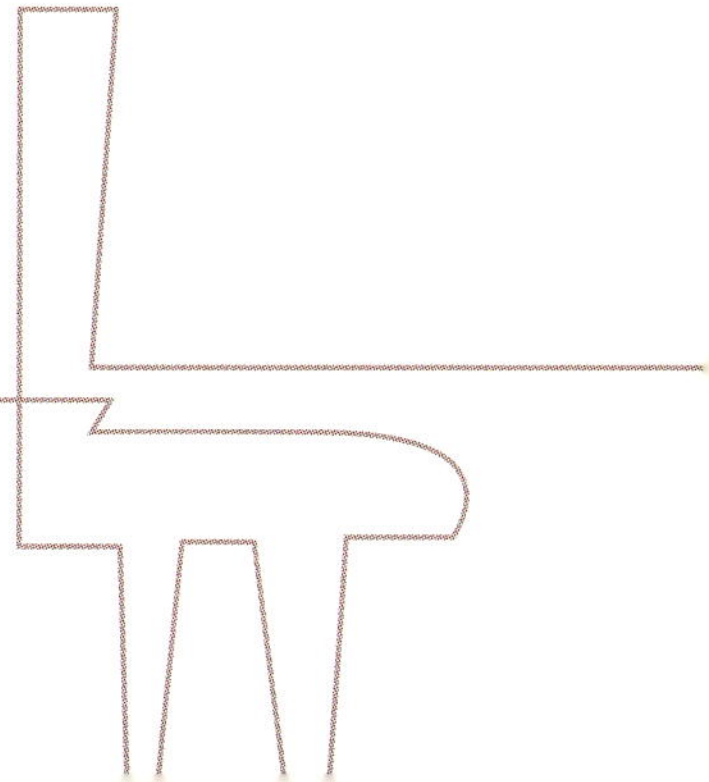

石井　いいとこまでいってると思うんだけど、いろいろ考えているはずなのに、お客さんに唐突に売り込んでるよね。

恵梨香　意味わかんないです。

石井　マスター、このお店に来たお客さんに対して、なんかドリンクを売り込んだりしてる？

マスター　いいえ、一切しないですね。私は接客とは受け身でいいと思っているんです。最終的にはお客様の判断ですから、判断しやすいようなやり取りをするように心がけています。だからこそ、会話できる環境をつくるようにしているんです。たとえば、「いらっしゃいませ」と言ってしまうと、なかなか会話は成立しにくいんで、「こんばんは」とか「おかえりなさい」とか、必ず最初につけますね。「こんばんは」には「こんばんは」で返事する選択肢はありますが、「いらっしゃいませ」に返事する言葉はないですからね。

麻里　そういえばそうですね。「いらっしゃいませ」って言っても頷かれるのがいいほうで、ほとんどは、沈黙です。

マスター　それから、お客様の雰囲気から何か褒めるポイントを探しますね。

タイミングを見て、「素敵なお召し物ですね」とか、「メガネが似合ってますね」とか、なんか会話を続ける糸口をつかむように心がけています。

石井　そうだよね。二人とも、課題から一気に解決策を探そうとしているけど、さっき僕とマスターで「なぜ」って2回聞いただけで、原因が見えてるんだよね。結局、何を買うのかを決めるのはお客様だし、来店された段階では、何も決めていないケースがほとんどなんだよ。お客様は、「どういうものがあるんだろう」って興味だけで来店されているんだから、そこで勝手におすすめを決めるんじゃなくて、もっと会話を広げたほうがいいかもね。すでにいろいろ考えておすすめしてるんだから、なぜそれをおすすめするのかも含めて会話してみたらどうだろう。

恵梨香　そんなもんでしょうか？

麻里　確かに、私もそんな接客されたことあります。セレクトショップにふらっと立ち寄って、店員さんと話しているうちに、「この商品は私を待っていてくれたんだ」って気になって衝動買いしちゃいました。

マスター　そうですよね。私も経験あります。衝動買いってそんなもんですよね。逆に接客する立場で考えると、何か悩んだら「なぜ、そうなんだろう」って3回唱えるようにしています。そうすると、原因がわかってくるんで軌道修正するのには役立っていますね。

石井　マスターもそうなんだね。僕も昔、先輩から、「解決策が見いだせないときは、「なぜ」を3回唱えよ。自ずと道は拓ける」って言われたんだよね。接客にかぎらず、いつも意識してるかな。

恵梨香　石井さんも悩んだりするんですね。ちょっと安心しました。

麻里　明日にでも、スタッフのみんなとも話し合ってみます。「なぜ」を3回ですね。

石井　まずはお客様との会話の仕方を考えてみたらどうだろう。私たちは、販売する側だけど、生活の中では買う方なんで、いろいろ勉強になることも多いよ。この店員さんは、なぜこんな会話をするんだろうとか、こう勧めてくれたら買っちゃうのにとかね。

恵梨香　やだ、なんかショッピングも勉強の場なんですね。

麻里　恵梨香、今度の休みに勉強のためにショッピングに行かない？

STORY 16

恵梨香　行こう、行こう！　石井さん、これって勉強だから経費で落ちたりしますか？（笑）。

石井　それは無理だね（笑）。ショッピング楽しんでおいで！

マスターの独り言

仕事の中で悩むことはたくさんありますよね。つまり、私たちは日々多くの課題を抱えています。それら多くの課題はどうすれば解決できるのでしょうか。課題とは、露呈した現象です。つまり、露呈した現象には、その現象を生む種がどこかにあるはずですよね。たとえば、

「喉が痛いので病院に行ったら、風邪薬をもらった」

「喉が痛いので病院に行ったら、トローチをもらった」

同じ喉がいたいという課題＝病状なのですが、解決方法が異なります。それは、喉を痛くした原因が異なるからです。前者は、雨に濡れて寒い思いをしたのかもしれません。また後者は、カラオケを歌いすぎたのかもしれません。つまり現象は同じでも、原因が異なるんです「課題に対する解決策は存在しない」ということに、他なりません。

麻里さんと恵梨香さんは、店舗での販売の伸び悩みという課題を抱えています。いろいろ努力はしているものの、何故かお客さんを購買にまで持っていくことができないでいます。それはなぜでしょうか？それは、「顧客の立場で物事を考える」事ができれば、解決に一歩近づくはずです。

もし自分がお客の立場だったらどう思うのか？　なぜお客はそのような行動を取るのか？「なぜ」を繰り返すことで原因が見えてきます。つまり、買うという行為には、それなりの理由があるということです。たとえばあなたが衝動買いするとき、どういう理由で衝動買いしてるのでしょうか？　おそらく、「思ったより値段が安かった」とか、「ディスプレイが良かった」とか、「自分に似合っていた」などが挙げられるでしょう。しかし、そこにいた販売員との会話を思い出してください。もしかしたら、「話しやすい雰囲気だった」「無理に勧めずにいろいろな提案をしてくれた」「親身になってくれた」などが挙げられるのではないでしょうか？

つまり、自分がお客の立場での行動を「なぜ、なぜ、なぜ」と分析すれば自ずと原因は見えてくるものです。原因が見えればあとは、それに対する対応策、つまり解決策を考えることで方向性が決まります。石井部長は、それを麻里さんや恵梨香さんに気付かせようとしたんですね。

この手法はどのようなケースでも当てはめることができますし、企業によっては、「なぜ」を5回繰り返すことにしているところもあるようです。私は、これまでいろいろな課題にぶつかってきましたが、「なぜ」を繰り返すことで、ほとんどのケースで対策や解決策が見つかりました。あとはそれらを解決するまで諦めずに実行することと、常に「なぜ」を繰り返し、固執せず、修正することを厭わないことです。なぜなら目的は、課題を消滅させることで、もともとの計画通りに物事が進み、成果を上げることであって、解決策を実行することではないですからね。

実在の麻里さんや恵梨香さんは、スタッフと接客方法を議論し、「なぜ」を繰り返すことで、販売成果を飛躍的にあげることに成功しました。

登場人物の麻里さん、恵梨香さんそして石井部長を分析してみましょう。

まずは麻里さんからです。まず理解してからまじめに対応する感じですから左側。次にいろいろ現状を分析し、何か解決策を出そうとしていますが、活発な感じの恵梨香さんと比べて感情を表に出さない様子が伺えます。つまり②象限ですね。そのなかでも、店舗をいじったりいろいろ工夫をこなしている、衝動買いもあるところから②－Ｄと思われます。

次に恵梨香さんは、保守的というよりは革新的な感じですから右側ですね。また結論を急いだり、感情豊かに話したり、フレンドリーでムードメーカー的な要素を持っているようです。つまり④象限に入ります。そのなかでは麻里さんを引っ張っている印象が強いですね。発想と行動の伴ったムードメーカーのようです。④－Ｄといったところでしょう。石井部長は指導的な立場で二人に気付きを与えようと自分の性格を押し殺して対応していますので分析は非常に難しいですね。会話の内容から察すると、④－Ａではないかと思います。理由は考えてみてくださいね。また、②象限と④象限は対象的な位置にありますので、お互いに足りない部分をフォローすることができそうです。積極的でムードメーカー的な恵梨香と状況を冷静に分析し静かに行動する麻里は、とても良いコンビであると思われます。

さて、あなたはどこにいますか？

HR マトリックス⑯

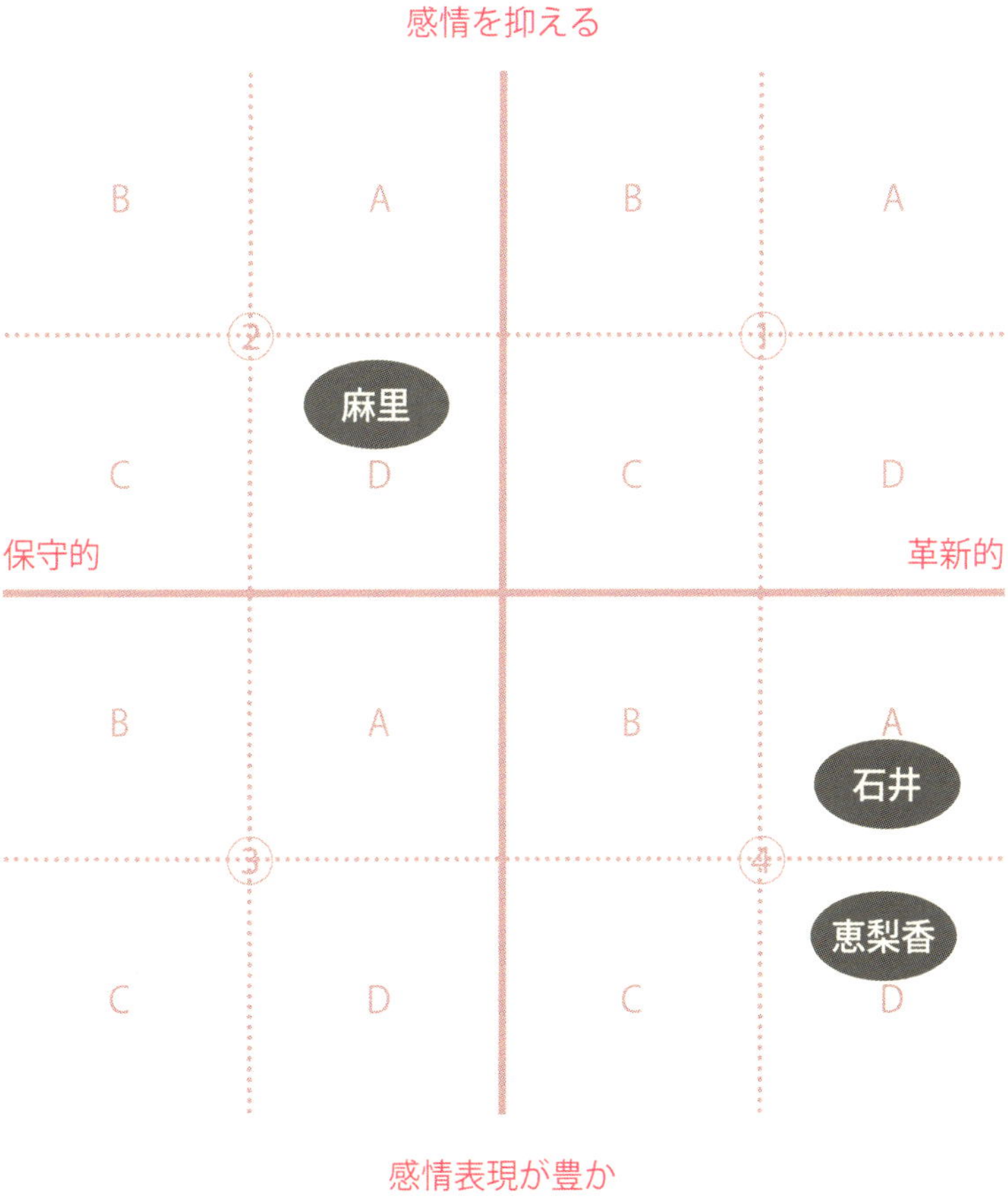

Chapter 17

森が果てしないときは、木だけ見よ

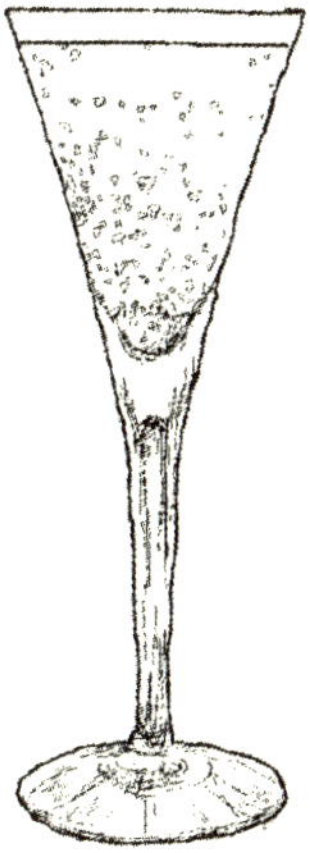

STORY 17

洋介は、大手ＩＴ企業に勤務する勤続22年の部長職。次期の人事で本部長に抜擢昇進することが決まった。

マスター　洋介さん、こんばんは。今日はお一人ですか？

洋介　マスター、こないだはどうも。みんなで遅くまで盛り上がっちゃって失礼しました。

マスター　いえいえ、けど洋介さんの昇進をあんなにみんな喜んでくれるって、洋介さんの人徳ですね。そもそも先日のパーティーも部下のみなさんが仕組んだサプライズだったそうじゃないですか。

洋介　そうなんです。いくつになってもサプライズを仕掛けられるのって、嬉しいもんだね。

マスター　いい部下をお持ちですね。

洋介　それはそうなんだけど、来期の予算がなかなか厳しくてね。いわゆる中期経営計画とか作るじゃない？　それって前任の本部長が作ったものを引き継がなきゃならなくてさ、自分で納得して作ったものなら実現させる手段や段取りも見えるんだけど、他人が作ったものをやるとなるとなかなか厳しくってね。

マスター　そういうものなんですね。しかし、中期経営計画って企業全体でまとめるものなんでしょうから、会社全体が事業を拡大しようとしているんですよね。その中で本部長に抜擢されたんですから、会社の期待の大きさがわかりますよね。

洋介　そういえばそうなんだけど。部下の前では、明るく元気に「会社から期待されている部門にいるんだから、期待に応えられるようにいろいろアイデア出してくれ」なんて発破かけてるものの、3年後の計画値の大きさはこれまでの比じゃないんだよね。

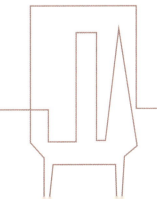

マスター　洋介さんがそう思うってことは、本当に大変な数字なんでしょうね。そういえば常連さんで、外資系企業のディレクターの人がいるんですが、彼も転職早々、短期間で商品の国内販売シェアを倍にしろなんていう業務命令を受けたなんて話をしてましたよ。しかも、それをどうにか期限内に達成できたって。仕事ってどこの企業でも大変ですよね。

洋介　それはすごいね。それって、どうやって実現したんだろう。それに比べたらうちの目標なんて売上を前年比20％ずつ上げていければ、どうにか実現できる数字だけど、それでさえなかなか目処が立たないのに、シェア倍なんて簡単に実現できるもんじゃないよね。

マスター　その方が言われていたのは、「森が果てしないときは、木だけ見よ」ということでした。

洋介　どういうことだろう？　よく言われるのは、何事も「枝葉を見るのではなくて森を見る目を持て」ということなんだけど、全く逆の言葉だね。うちの社長も、われわれ幹部を集めた話の中で必ず言うのが、「木を見るのではなく森を見よ」ってことなんで、どうも理解し難いね。

マスター　私も洋介さんと同じように気になったんで、聞いてみたんです。「木を見て森を見ず」ってことわざはあるものの、木だけ見よって全く逆ですからね。そしたら、笑いながら、「だって森だって見えてないんでしょ。どんな森かもわからないのに、木も見なければ手のうちようがないじゃん」って。言われちゃいました。まさしく、そのとおりですよね。森の大きさや性質がわかっていれば、森を見て考え

STORY 17

れればいいんでしょうけど、どんな森なのか、どんな性質なのか、どんな獣が住んでいるのかもわからないけど、先に進まなければならないならば、身近な目標に向かって着実に進むしかないのかもしれませんよね。

洋介　確かにそれも一理あるのかもしれないね。けど、猪突猛進、進めばいいってもんじゃないじゃない。そんなに簡単なもんじゃないと思うよ。何しろ失敗したら部下にもつらい思いをさせることになる。ましてや責任問題になるかもしれないじゃない。

マスター　あれ、洋介さんらしくないなぁ。なんか守りに入ってます？（笑）。確かに大変だったとはおっしゃってました。その中でもっとも重要なのは部下とのコミュニケーションだってことも。どうも、何をすべきか、どこに課題があるのかを探すためには現場にいる部下とのコミュニケーションを絶やしてはいけないっていうことのようです。正確な情報を得ること、なぜそのような状況になるのかを常に分析することで、道が見えてくるらしいです。確かにスポーツの世界でもそうですよね。最初からオリンピックに出ることができるよ

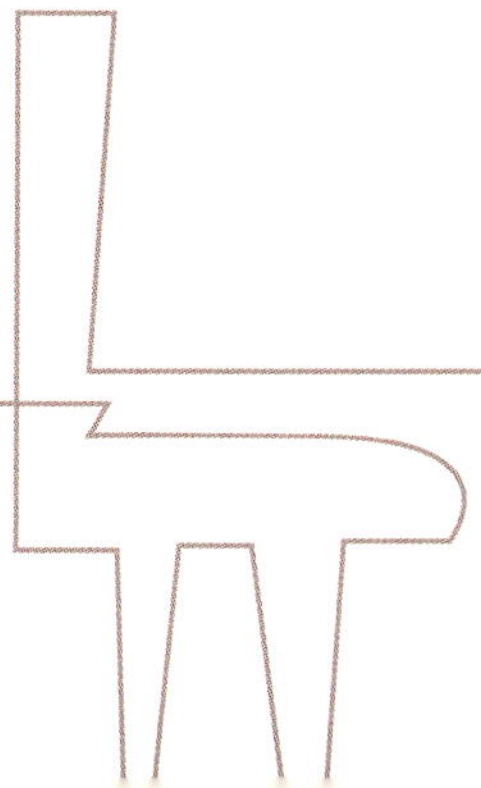

うな素材っていうのはないんじゃないでしょうか。どうすればうまくなるのか、どうすれば大会で勝てるのか。そんなこと最初からわかるはずがないんです。だからこそ、素振りをしたり、基本的なトレーニングをしたりして、基礎から固めていくんですよね。それができていれば、確実にうまくなっていくんじゃないでしょうか。

洋介　洋介さんもゴルフをされると思うんですけど、私のゴルフなんか基礎ができていないんで、日によってボールが右に行ったり左に行ったりで大変です。ドライバーが良ければアイアンが駄目だし。けどたまに全てが噛みあうと、とんでもなく良いスコアが出る。で、そのスコアが記憶に残って、またゴルフ場に行く（笑）。

マスター　そうなんです。クラブのせいにして、新しいクラブを買う口実にしたり。何が良かったか分析できていないから、スコアがぶれてしまうんですね。

洋介　なるほど。ということは、動きながら正確な情報を集め、行動や施策を分析し、身近な目標を決めて進み、また修正する。まさにＰＤＣＡだね。ゴールは決まってるものの、それを誰も達成したことが

STORY 17

ないんだから、何をすべきかなんてわかるはずないんだしね。もし、過去に達成したことがあったとしても、環境が変わっているから、以前の施策が正しいとは限らないし、「まずは行動しながら考えてみろ」ってことなのかな。

マスター　結局、会社としては、その数字を実現しなきゃいけないんですよね。数度失敗しても最後に成功すればいいんじゃないんですか？　ってそんな簡単なもんじゃないんでしょうが、細かい失敗を積み重ねてこそ道が見えるのかもしれませんね。

洋介　確かに、マスターが言うように少々守りに入っていた気がするよ。せっかく新しいことに挑戦させてもらうんだから、楽しまなきゃね。まずは行動。そして分析。これまでの常識を捨ててもう一度見直してみることにするよ。「森が果てしないときは、木だけ見よ」か。なんとなくわかった気がするよ。さて、早速明日の朝礼でみんなに話してみようかな。どんな反応するか楽しみだね。

マスターの独り言

ビジネスの現場では、必ず何らかの目標を与えられます。営業であれば、それは予算＝ノルマという形で定義されます。予算を達成することができなければ、単純に言えば企業の成長が止まるか、継続が危ぶまれるか、ということになり、継続させるためにはそのための資金を借り入れたり、市場から調達したりする必要が出てきます。つまり最低限達成しなければならない目標値が予算ということです。では目標値とは何でしょうか？　私は、常に目標値は予算を上回るものであるべきであり、それを達成することを意識するようにしてきました。つまり、「予算値と目標値は異なるべきである」という考え方です。目標値とは、市場に於ける自社製品のあるべき姿を定義することに通じます。つまりシェアであったり、競合企業を凌駕するための成長率であったり、様々な指標で表していました。そしてその目標値を達成するために何をすべきかを考える必要があるんです。

洋介さんは、これまでのキャリアの中で最も高い目標を与えられて悩んでいます。そしてその数字を達成するのに、何をすべきかも計り知れない状況にあります。何を基準にすべきかもわからない中で俯瞰してみることなどできる由もありません。そんなときは、仰視つまり下から見上げてみることが必要になります。ゴールは明確ですから、仮説を作り身近な目標を決めて、実行していくしかないんです。

つまりＫＰＩですね。これを達成すること、そして達成に至るまでに収集した情報をもとにもう一度仮説を立て直し、実行することが必要になります。俯瞰と仰視を繰り返す。つまりＰＤＣＡサイクルです。これをいかに高回転で回すことができるかがまたＫＰＩになります。大手の企業では、失敗を恐れて仮説を実行する承認を得るのに時間がかかったり、データの裏付けのない活動については承認が出なかったりするようですが、俯瞰することに時間をかけすぎることで多くの時間を無駄にしてしまい、市場性を失うことになるケースをいくつも見てきました。

経験のないことをするときは、トライアンドエラーの繰り返しです。その中から最も効果の高いものを見つけ出すプロセスが必要になります。しかし、それだけではメンバーは疲弊してしまいますので、大きな目標や、得られた情報を共有し、コミュニケーションを深くすることで情報量を増やすことが必要になります。「森が果てしないときは、木だけ見よ」というのは、身近な目標を決めて、その達成を繰り返しながら大きな目標に向かっていくことを意識することが必要だということを表しています。

実在の洋介さんは、部下や関連部門と協力してＫＰＩを細かく決めながらトライアンドエラーを繰り返すことで、これまでにない高い目標を達成することに成功しました。

登場人物の洋介さんを分析してみましょう。

会話から察するに、過去の事例や、やり方を踏襲しようという感じですね。しかし、気付きがあった瞬間に判断できる力も併せ持っていることからこれもストレスが起因しているようです。まずは行動という方針を出すあたりは本音が出た感じですね。つまり、右側が本来の性格で、仕事上の性格はデータや経験則を踏まえる、左側にしているようです。これは仕事の責任というストレスが作用しているからではないでしょうか。また、話の仕方も多少感情的になっているようです。これもまた、ストレスを掛けられたことで変化したと思われます。いよいよ大きな課題を与えられたことで、開き直って本来の挑戦的な性格が出てきそうな雰囲気も感じますので、①象限が基準のようです。そのなかでは、革新的なことを起こしたいといった雰囲気が感じられますので、感情表現が豊かで、保守的な考え方である、①－Cというところでしょう。ストレスの掛かる仕事をされている方は、その性質を見抜くのは非常に難しいものです。しかし、何かひらめいたり、光が見えたりすると、一気に自分の本来の性質が現れたりします。

さて、あなたはどこにいますか？

HRマトリックス⑰

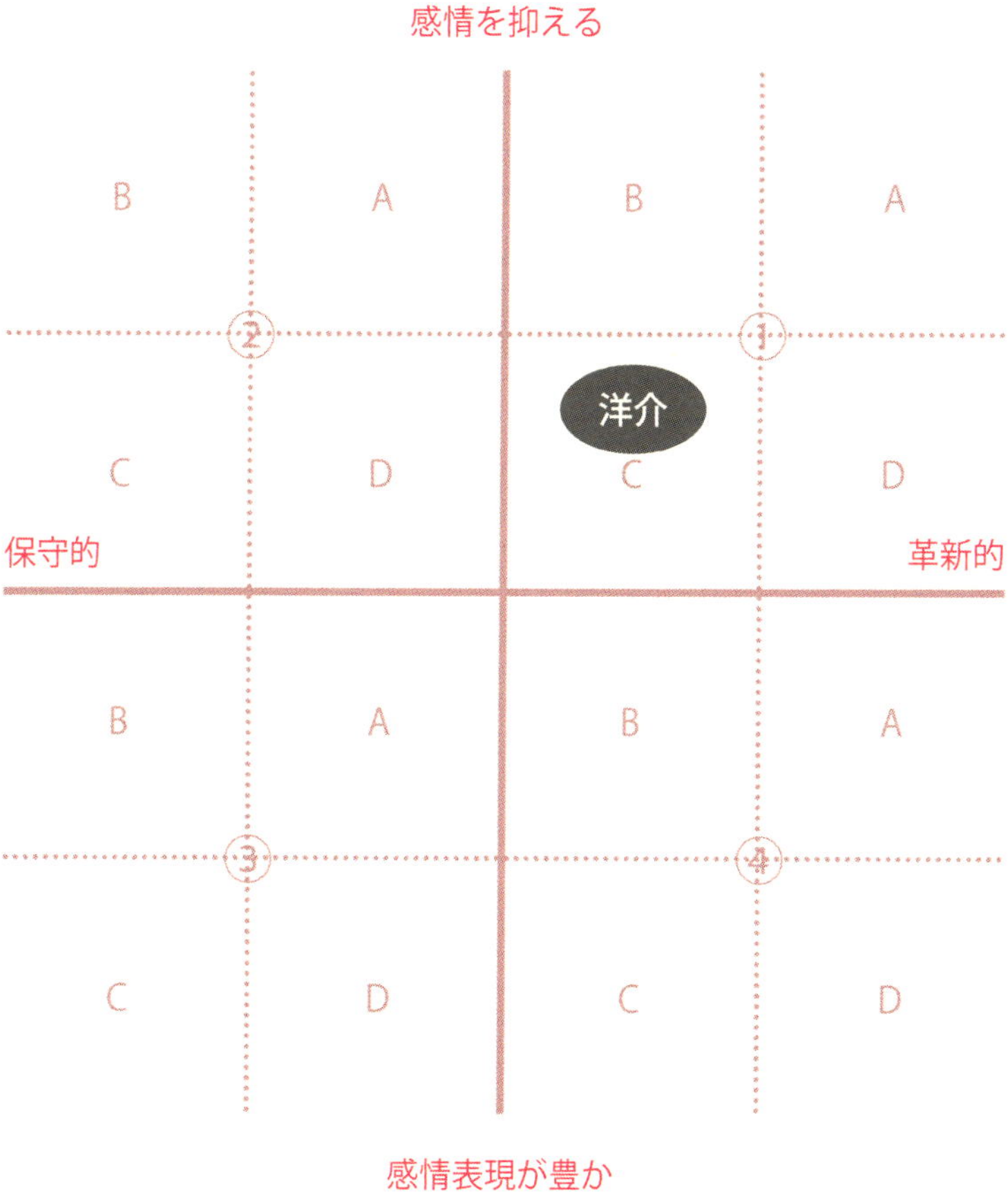

あとがき

「あなたは変化を楽しむことができますか？」
と聞かれて、ハイと胸を張って答えられる人はどれくらいの割合でいるでしょうか？
「いつも同じではつまらない」と思っていても、変化の割合が想像を超えた瞬間に考え方は変わります。

実は変化するということは、とても怖いことでもあります。

いつの頃だったか、「Change the Game」（ゲームを変える）という言葉が周りで聞こえていました。
これまで市場を席巻してきた各社の製品の位置付けを変えることで、一気に市場全体を変えてしまうということなのですが、このような大きな渦の中にいる機会を何度か頂いたことは、私の人生にとって大きな経験となりました。

例えば、携帯型音楽プレーヤーとして圧倒的なシェアを持っていたＳＯＮＹのＷＡＬＫＭＡＮに対して、デジタルミュージックプレーヤーというカテゴリーを作ってｉＰｏｄを投入したＡｐｐｌｅは、まさにそれにあたります。

ゲームが変わるということは、それまでの優位性はすべて重い足かせになります。
だからこそ、変化は怖いものなんです。

人は成功体験からなかなか抜け出せない、変化についていけなくなるものです。
企業もそうです。日本を支えてきた老舗企業の業績悪化や、海外資本による買収などは、市場や代替品の台頭など、変化についていけなくなったり、過去の成功体験が頭から離れられなかったことで、変化が遅れたことに起因することが多いのではないかと感じています。

逆に成功したときは、たまたまタイミングがあっただけなのに、予測通りの成果であるかのように振る舞ってしまい、判断を狂わせてしまうこともあります。
また、変化をリードするには、小さな失敗を繰り返しながら成功の法則を探し出し、一気に市場を取りに行くといった決断の速さも求められます。

本編で書き表した17のストーリーは、環境や立場は異なっていても、自分自身や身近に存在する「当たり前」を、チョットだけ「変化」させることで視点や見え方が変わり、「ラクになる」という事例です。

例えば目の前にある引き戸を、力任せに押したり引いたりしていても、開くことはありません。一旦立ち止まって考え、縦、横、斜めから観察する余裕があれば、引き戸であると容易に理解でき、力を入れなくてもドアは開くものなんです。
さて、各ストーリーの最後に書いてあるマトリックスは、今の自分を知ることで、なりたい自分を達成するのに必要なことは何かを考える参考にしてもらうためのものです。

各象限は、大まかに下図のようなタイプを表しています。例えば、サポータータイプの人がムードメーカーになろうと思っているのならば、なにを意識することが必要なのかを知ることができます。

これからなってみたい自分を想像して、どのように考え行動してみるのがいいか、参考にしていただければ幸いです。

意識をすることが大切で、決して無理をしないことが早道であるのは言うまでもありません。

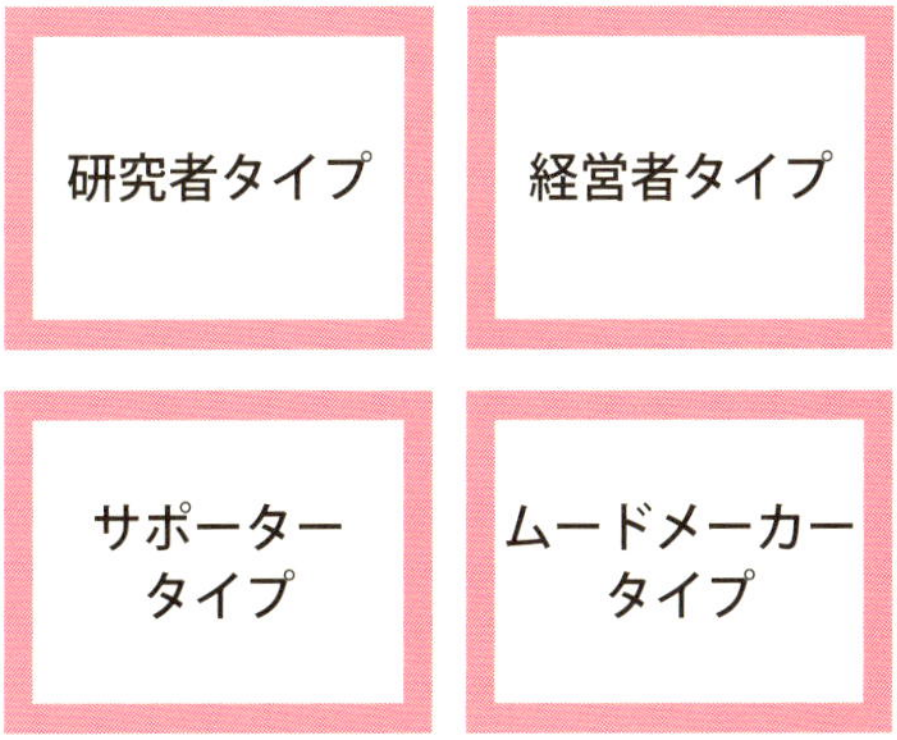

最後に、これまで多くの経験を下さったお客様、先輩、同僚などすべての皆様、ならびに本書の執筆、編集にあたりご協力をいただきました方々に心より感謝申し上げ、

〝Sally's Bar〟本日の営業を終了させて頂きます。

ありがとうございました。またのご来店をお待ち申し上げております。

著者

坂本 憲志（サカモト ケンジ）

ストラコム株式会社　代表取締役

日本 IBM、日本オラクル、Apple Japan を経てストラコムを起業。各社で経験した営業、マーケティングの実践や理論、経営戦略、企業経営の手法と大学での講師経験から、独自メソッドである「顧客志向対応法」を開発。営業戦略、経営戦略立案支援、営業コンサルティングサービス、営業教育支援サービスを中心に業種業界を問わず活躍中。

ほんの少し変われば、頑張らなくても成果を出せる！

～知ればラクになる 仕事を楽しみたい社会人のための 17 のストーリー～

2016 年 10 月 1 日初版　第 1 刷発行

著　　　者　坂本憲志
発　　　行　株式会社青月社
〒101-0032 東京都千代田区岩本町3−2−1 共同ビル8F
TEL 03-6679-3496
http://www.seigetsusha.co.jp/
編 集 協 力　株式会社ジャパニッシモ
横江史義　内山智美　他
〒 141-0021 東京都品川区上大崎 2-11-4 松田ビルB101
TEL 03-6721-7087
http://japanissimo.jp/
印 刷 / 製 本　中央精版印刷株式会社

ISBN978-4-8109-1308-8　Printed in Japan